IMPRESSUM
Herausgeber
Dkfm. Hans Schmid
und Christian Grünwald
Chefredakteur
Christian Grünwald
c.gruenwald@alacarte.at
Chefin vom Dienst
Nina Kaltenbrunner
Grafik
Sarka Langer-Dejmalova
Lektorat
Katharina Preindl
Nicole Salcher
Fotoredaktion
Kerstin White
Mitarbeiter Text
Florian Holzer
Hannah Schedenig
Iris Schiffrer
Eigentümer, Verleger, Produktion
D&R Verlagsgesellschaft
m.b.H.Nfg.KG
Leberstraße 122
1110 Wien
Tel.: 01/740 77-0
Fax: 01/740 77-888
Geschäftsführer
Gerhard Milletich
Verlagsleiter
Christian Grünwald
Assistenz
Andrea Reiter
Produktionsleitung
Martina Fasching
Projekt- und Anzeigenleitung
Mauricio Queiruga
Tel.: 01/740 77-831
anzeigen@alacarte.at
Anzeigen und Promotion
Andrea Koini
Anzeigensekretariat
Karin Gattermaier
Marketing/Vertrieb und Abo-Service
Regina Köstler
Tel.: 01/740 77-866
Fax: 01/740 77-896
abo@alacarte.at
Litho Repromedia 1110 Wien
Druck Berger, 3580 Horn
Vertrieb Morawa Pressevertrieb GmbH & Co KG, 1140 Wien
www.alacarte.at

COVER-ILLUSTRATION: MYRIAM HEINZEL

Wiener Wein macht vor nichts halt.

Sogar in der Wiener Innenstadt, wie etwa am Schwarzenbergplatz, oder im Areal von Schloss Schönbrunn findet man kleine Weingärten, die tatsächlich bewirtschaftet werden. Auch wenn bei Geschichten über den Wiener Wein der Gemischte Satz im Vordergrund steht, ist die Sorte Grüner Veltliner mit einem Drittel doch recht dominant. 80 Prozent der rund 630 Hektar umfassenden Wiener Rebflächen sind mit Weißwein bepflanzt. Noch ein paar heiße Sommer in der Stadt ergeben dann wohl ein Mehr an ausgesetzten Rotweinanlagen; Pinot noir zum Beispiel macht sich jetzt schon gut am Bisamberg. Bis wir dann eventuell in einigen Jahren vom „Roten Gemischten Satz" berichten dürfen, ist es uns eine Freude, die besten Winzer und Heurigen in Wien vorstellen zu dürfen. Ganz im Sinn der neu gelebten Regionalität im großen Globalen ist auch der Wiener Wein mehrheitlich eine lokale Sache. 70 Prozent des in Wien angebauten Weins werden auch in der Stadt verkauft.

Texte von Christina Fieber

Grinzing

Wer bei Grinzing nur an Heurige denkt, liegt nicht ganz richtig. Der Weinbauort steht auch für reichlich Weingeschichte, klingende Lagennamen wie Steinberg, Reisenberg oder Sommeregg sowie engagierte Weinmacher.

Grinzing ist so etwas wie das Synonym für Wiener Wein. Nachweislich wurde hier seit der Zeit Karls des Großen Wein in bedeutendem Ausmaß gekeltert. Seine Blüte erlebte Grinzing mit der Eingemeindung im Jahr 1892 und der Verbindung mit der Innenstadt per Stellwagen beziehungsweise ab 1907 per Straßenbahnlinie 38. Ganz sicher ist seine Berühmtheit auch der Besonderheit der hiesigen Lagen geschuldet: Sie sind Teil der Flyschzone, deren Untergrund von kalkhaltigen Gesteinsschichten aus den Bodensedimenten der Urmeere geprägt ist. Erosion und Ausschwemmung durch die Wienerwaldbäche sorgten hier für eine erstaunliche Vielfalt an mineralischen Unterböden, wie sie nicht sehr oft anzutreffen ist: Steinige Hänge wechseln mit sandigen Flächen, mit Schotter und Lehm, oft auch vermischt, und das mitunter von Meter zu Meter. Das prägt den spielerischen, finessenreichen und fruchtigen Charakter der Grinzinger Weine, die stets mit mineralischem Feuer unterlegt sind.

FOTOS VON MICHAEL REIDINGER

Weingut **Cobenzl**

Das Weingut der Stadt Wien ist ein Vorzeigebetrieb, der keine Beamten-, sondern „Senator-", sprich absolute Topweine nachhaltig produziert.

Wien ist nicht nur die einzige Hauptstadt, in der Wein wächst, Wien ist auch die einzige Großstadt, die ein eigenes Weingut besitzt: stattliche 60 Hektar in Grinzing, am Nussberg und am Bisamberg. Seit hundert Jahren ist das hoch über der Stadt thronende Weingut im Besitz der Stadt Wien. Lange Zeit war die Qualität der Weine nicht unbedingt ein Aushängeschild für die Hauptstadt – böse Zungen behaupteten gar, sie fänden nur mehr als Glühweine für den Christkindlmarkt am Rathausplatz Verwendung.

Bis 1988 mit Thomas Podsednik ein echter Profi die Leitung übernahm und frischen Wind in das vernachlässigte Weingut brachte. Er modernisierte den Keller,

Betriebsleiter Thomas Podsednik setzt beim Wein auf Qualität, Tradition und Nachhaltigkeit.

sorgte dafür, dass neue Lagen dazugekauft wurden und konzentrierte sich auf klassische Rebsorten wie Grünen Veltliner und Riesling – seit einigen Jahren auch verstärkt auf das önologische Wahrzeichen Wiens, den Gemischten Satz. Gemeinsam mit seinem Kellermeister, Georg Königsbauer, gelang dem ehrgeizigen Weinfachmann der Anschluss an die Weinszene, inzwischen zählt Cobenzl zu den besten Weingütern der Stadt. Als Beamte hätten er und sein Team sich nie gefühlt, obwohl sie genau genommen zur Magistratsabteilung 49 gehören. Denn nur mit Leidenschaft und vollem Einsatz könne man qualitativ an die Spitze gelangen.

Dabei kommt ihm das besondere Mikroklima der Wiener Weinregionen zugute: warmes pannonisches Klima gemixt mit kühlen Winden vom Wienerwald. Auch die Donau als Temperaturregulator begünstigt den Weinbau.

Das Portfolio von Cobenzl gliedert sich in drei verschiedene Qualitätsstufen: Die „Classic"-Weine präsentieren sich frisch-fruchtig, die Weine der „Senator"-Linie zeichnen sich durch Dichte und Langlebigkeit aus, während die Lagenweine verstärkt ihre Herkunft widerspiegeln. Auch wenn man sich vorwiegend auf Weißweine konzentriert, werden zudem hochwertige Rote vinifiziert. Wahrlich keine Beamtenweine. —

WEINGUT COBENZL Am Cobenzl 96, 1190 Wien
Tel.: 01/320 58 05, www.weingutcobenzl.at

Jutta **Ambrositsch**

Als Hobbywinzerin kann man Jutta Kalchbrenner schon lange nicht mehr bezeichnen. Inzwischen ist sie eine echte „Wiener Stadtweinbäuerin" geworden. 2004 fing alles an, als sie zwölf Reihen Rieslingrebstöcke am Rosenberg erwerben konnte.

Ihr erster Wein gelang so gut, dass sie nach und nach erstklassige Lagen an beiden Seiten der Donau kaufte, die niemand mehr bewirtschaften wollte – damals noch zu erschwinglichen Preisen. Die ausgebildete Grafikerin hatte damals den Wunsch, etwas „Sinnvolles zu machen", etwas, das Substanz hat.

Zwei Jahre später eröffnete sie einen Heurigen, der als „Buschenschank in Residence" schnell zum Kult wurde. Der jungen Winzerin war es ein Anliegen, traditionelle Heurigenkultur zu betreiben – frei von Kitsch und Klischee. Statt ranzigem Liptauer und in der Mikrowelle aufgewärmtem Schweinsbraten gibt es einfache Speisen aus besten Produkten – von Händlern, die ihr am Herzen liegen. Ihre Buschenschank zieht auch junges urbanes Publikum an, darunter jene, die bislang nicht von Wiener Schrammeln träumten. Man könnte sagen, sie hat den Wiener Heurigen wieder „salonfähig" gemacht. Auch ihre Weine präsentieren sich sympathisch anders, mit schickem, schlichtem Label, wunderschönen Schriftzügen und schrägen Weinbeschreibungen. Den Genuss ihres Rieslings Rosengartl etwa vergleicht sie mit einem „Kirchgang, aber frisch und deluxe – lange weiße Kerzen und geröstete Bittermandeln", wobei das „heiter hin und her tänzelnde Säurespiel durchaus aufmerksam und hinreichend devot assistiert".

Weinbau bedeutet für Quereinsteigerin Jutta Kalchbrenner, Dinge entstehen zu lassen – nach den Vorgaben der Natur.

Dabei ist das Weinmachen für sie keine Attitüde, sondern eine ernsthafte Auseinandersetzung mit der Natur. Anders als in ihrem Beruf als Grafikerin könne man als Winzerin nicht einfach nur aus sich selbst heraus kreativ schaffen, sondern müsse die Vorgaben der Natur annehmen. Zulassen, dass Dinge entstehen und das Bestmögliche daraus machen. Letztlich habe sie diese Einsicht dazu bewogen, ihre Weingärten biologisch zu bewirtschaften und sich auch im Keller in Zurückhaltung zu üben. Aufmerksam und „devot assistierend". —

WEINBAU JUTTA AMBROSITSCH
Jutta Kalchbrenner
Dannebergplatz 12/2, 1030 Wien
Tel.: 0664/500 60 95
www.jutta-ambrositsch.at

Weingut
Hengl-Haselbrunner

Die Hengls sind eine Ur-Grinzinger Familie. Als Ferdinand Hengl schon in den frühen 1970er Jahren als Winzer dem zunehmenden Massentourismus in Grinzing den Rücken kehrte und in Döbling das Weingut Haselbrunner übernahm, begann für die Familie eine neue Ära.

Er war einer der Pioniere des qualitätsbewussten Wiener Weinbaus und seiner Zeit immer ein wenig voraus – jeden Winkel der Döblinger Weinberge kannte er wie seine Westentasche und konnte die Vorzüge der einzelnen Lagen bis ins kleinste Detail erklären. Ferdinand Hengl war so etwas wie ein lebendes Weingartenkataster und für viele junge Wiener Winzer ein wichtiger Ratgeber.

Schon vor vielen Jahren hat sein Sohn Mathias den Betrieb übernommen. In Sachen Umtriebigkeit steht er seinem legendären Vater in nichts nach, auch er ist inzwischen ein Döblinger Urgestein und weiß etliche Geschichten über das Grätzel zu erzählen. Mathias Hengl engagiert sich intensiv für den Erhalt der landwirtschaftlichen Flächen, denn die begehrten Lagen gerieten zunehmend ins Visier von Immobilienspekulanten. Er versteht sich als Bauer, der das Kulturgut Wiener Wein auch in ökologischer Hinsicht bewahrt. Auch bei der Vinifikation versucht Hengl, sich möglichst zurückzuhalten. Er wolle nicht verändern, was die Natur gegeben habe. Neben hervorragenden Weißweinen produziert er auch spannende Rote – allen voran sein Cabernet vom Hungerberg.

So leidenschaftlich Mathias Hengl (li.) den Heurigen führt, so zurückhaltend verhält er sich bei der Vinifizierung.

Den inzwischen legendären Heurigen führt er immer noch mit viel Leidenschaft. Neben ausgezeichneten Weinen wird man dort auch mit besonderen kulinarischen Köstlichkeiten verwöhnt – Mathias Hengl ist nämlich nicht nur Winzer, sondern auch begeisterter Hobbykoch. Seine Frau Agnes Palmisano wiederum sorgt für das musikalische Programm. Und das ist vom Feinsten: Der ausgebildeten klassischen Sängerin haben es die echten Wienerlieder angetan. Unterrichtet wurde sie dabei von den ganz Großen des Genres wie Trude Mally, Karl Hodina oder Gerhard Bronner. Und so gibt es jeden Dienstag klassische und moderne Interpretationen des Wienerlieds. Und in den warmen Monaten betreibt Mathias Hengl gemeinsam mit dem Winzer Peter Uhler einen hübschen Heurigen mitten in den Weingärten vom Reisenberg! —

HENGL-HASELBRUNNER Iglaseegasse 10, 1190 Wien
täglich 15.30–23 Uhr, Tel.: 01/320 33 30, www.hengl-haselbrunner.at

Martin **Lenikus**

Der Immobilienentwickler hat sich auf das Abenteuer Weinmachen eingelassen und erzeugt mitunter Weine, an die man sich noch lange erinnern wird.

Nichts ist riskanter, als nichts zu riskieren", lautet das Motto von Martin Lenikus, an das er sich auch strikt zu halten scheint: 2008 vinifizierte der Immobilienentwickler, der inzwischen auch Designhotels und eine Bar in der Innenstadt betreibt, seinen ersten Wein. Prompt sorgte er damit für Aufsehen, konnten er und sein Önologe Erich Franz doch im Handumdrehen beachtliche Erfolge aufweisen. Etliche Preise und Prämierungen bestätigten ihnen ihr Engagement.

Unternehmer Martin Lenikus setzt – unter anderem – erfolgreich auf das Kulturgut Wiener Wein.

Von Beginn an wurden die Weinberge nach organisch-biologischen Kriterien bewirtschaftet, inzwischen ist der Betrieb auch biozertifiziert. Für Lenikus eine Selbstverständlichkeit, will er doch mit dem Kulturgut Wiener Wein achtsam umgehen. Kaum eine Region weise eine derart große Vielfalt an Bodenformationen auf. Wien verfüge über außergewöhnliche natürliche Ressourcen, die es zu erhalten gelte. Das will man auch mit der Gestaltung der Flaschenetiketten zum Ausdruck bringen: Grafiken, die Tiere darstellen, die zum Teil schon in der Urzeit die Weinregionen in Wien besiedelten – vom Höhlenlöwen bis zum Wollnashorn.

Neben Riesling, Veltliner und einigen roten Rebsorten gilt natürlich dem Gemischten Satz die volle Aufmerksamkeit, den es sowohl von Lagen am Bisamberg als auch vom Nussberg gibt. Prunkstück der Kollektion ist sicher der Wiener Gemischte Satz „Erinnerungsgarten", der von uralten, besonders tief wurzelnden Rebstöcken stammt. Es ist ein Wein, an den man sich vermutlich wirklich lange erinnern wird: vielschichtig, subtil und durch und durch mineralisch. Seit Kurzem gibt es auch einen maischevergorenen Pinot blanc, kräftig orange und würzig. Mit diesem Wein wolle man auch ein wenig die Grenzen ausloten – probieren, wie minimalistisch und zurückhaltend man im Keller agieren könne. Ein Wein, der weitgehend „alleine gelassen" wurde, freilich unter scharfer Beobachtung.

Das „Abenteuer Weinmachen", wie es Martin Lenikus gerne bezeichnet, scheint in jedem Fall erfolgreich zu sein. —

WEINGUT LENIKUS Cobenzlgasse 2, 1190 Wien
Tel.: 01/320 35 90, www.weingutlenikus.at

Grinzinger Heurige

Dem Himmel so nah ist man im „Oktogon Am Himmel" bei Weinen aus dem gleichnamigen Weingarten.

ALTER BACH-HENGL

Sandgasse 7–9, 1190 Wien
Tel.: 01/320 24 39, täglich 16–24 Uhr
www.bach-hengl.at

Seit mehreren Generationen geführter Familienbetrieb und der größte Heurige Grinzings. Täglich Livemusik, eine große Auswahl an warmen und kalten Speisen, sämtliche Sorten Eigenbauweine und eine Vielzahl an Sitzplätzen drinnen und draußen locken Reisegruppen und Stammgäste gleichermaßen an.

WEIN- UND OBSTBAU AM HIMMEL

CAFÉ RESTAURANT OKTOGON
Himmelstraße/Ecke Höhenstraße,
1190 Wien, ganzjährig geöffnet
www.himmel.at

Der Weingarten Am Himmel liegt direkt vor dem Café Restaurant Oktogon. Dort können die ausgezeichneten Weine bei einem einzigartigen Panoramablick über Wien verkostet werden. Neben gutbürgerlicher Küche stehen laufend wechselnde saisonale Schmankerln zur Auswahl.

ZUM BERGER

Weinbau und Heurigenschank
Himmelstraße 19, 1190 Wien
Tel.: 01/320 58 93, Do., Fr. 15.30–22, Sa. 15.30–23, So. 11.30–22 Uhr
www.himmelstrasse19.wien

Traditioneller Familienbetrieb mitten in Grinzing. Mit viel Liebe zum Detail eingerichteter Heuriger mit Kachelofen im Winter und schattigem Gastgarten an den heißen Tagen des Jahres. Weine aus eigenem Bioanbau sowie klassisches regionales und saisonales Heurigenbuffet.

Li.: Die passende musikalische Begleitung zum Wein gibt's beim Berger; re.: Winzer Johannes Müller

HEURIGER HANS MALY

Sandgasse 8, 1190 Wien
Tel.: 01/320 13 84, täglich 16–24 Uhr
www.heurigermaly.at

Wiener Wein aus eigenem Anbau und klassisches Heurigenbuffet, begleitet von Wiener Schrammelmusik. Das alles kann in den gemütlichen Stuben oder bei Schönwetter im schattigen Gastgarten des Familienbetriebs genossen werden.

MÜLLERS HEURIGER & WEINGUT

Cobenzlgasse 38, 1190 Wien
Tel.: 0680/550 90 08
ÖZ laut Aussteckkalender
www.muellers-heuriger.at

Prämierte Eigenbauweine von ausschließlich Grinzinger Rieden. Dazu gibt es Speisen vom kalten

Romantischer Hof im Heurigen Hans Maly

und warmen Buffet sowie selbstgemachte Mehlspeisen von der Wirtin höchstpersönlich. Gemütliche Räumlichkeiten mit einem stilechten Kachelofen und ein herrlicher Gastgarten laden zu einem langen Besuch ein.

WEINBAU BUSCHENSCHANK OBERMANN

Cobenzlgasse 102, 1190 Grinzing
Tel.: 0664/451 99 27
ÖZ laut Aussteckkalender
www.weinbauobermann.at

Gemütliches Lokal mit familiärer Atmosphäre. Die traditionellen kalten und warmen Speisen vom Buffet werden von den eigenen Bioweinen ausgezeichnet ergänzt. Der mit Oleandern geschmückte Gastgarten bietet bei Schönwetter den perfekten Platz für Entspannung und Geselligkeit.

BUSCHENSCHANK SCHÖLL

Cobenzlgasse 108, 1190 Wien
Tel.: 0664/824 81 01
ÖZ laut Aussteckkalender
www.buschenschankschoell.at

Urige und rustikale Buschenschank mit blumenprächtigem Gastgarten. Der hauseigene Gemischte Satz gilt als hiesige Spezialität, zu welchem Speisen vom kalten Buffet genossen werden.

HEURIGER WIEGEL

Himmelstraße 20, 1190 Wien
Tel.: 01/230 57 10
ÖZ laut Aussteckkalender

Kleinerer, etwas versteckt gelegener Heuriger mit ursprünglichem Flair. Wenig touristisch und besonders bei Stammgästen beliebt. Geboten wird ein überschaubares, aber ordentliches Buffet und eine ausreichende Weinauswahl.

Hidden Garden: Der Wiegel ist ein ursprünglicher, einfacher Heuriger, wie man ihn nicht mehr oft findet.

Weitere Betriebe:

WEINBAU FELIX
Rudolf-Kassner-Gasse 3, 1190 Wien
Tel.: 01/320 09 57

WEINBAU UNIV. PROF. MAYER-KÖNIG
Hernalser Gürtel 41, 1170 Wien

WEINBAU REITHOFER
Gersthofer Straße 89, 1180 Wien
Tel.: 0664/413 68 69

BUSCHENSCHANK
WANDERER – KÜRASSIER HENGL
Grinzinger Straße 66, 1190 Wien
Tel.: 01/370 33 50

FOTOS V. L. O. I. U.: MCPHOTO / VARIO IMAGES / PICTUREDESK.COM, FABIAN ORNER, PHILIPP HORAK, HORST DOCKAL / NEXTSHOT, PHILIPP HORAK

Nussdorf & Heiligenstadt

Verwinkelte Gassen, alte Hauerhäuser sowie gelebte Winzertradition in ihrer ursprünglichen Form prägen das Bild der ehemaligen „Weindörfer", die sich gemeinsam mit Grinzing und dem Kahlenbergerdorf um den Nussberg gruppieren.

Dem Nussberg sieht man an, dass hier Großes wächst: 144 zusammenhängende Hektar mit perfekter Hangneigung auf 230 bis 350 Meter Seehöhe unmittelbar neben der Donau. Und erst der Boden: Flyschmergel, sandig und porös, mit sandigem oder schottrigem Verwitterungslehm abgedeckt – Mineralität ohne Ende. Zwei Geländestufen trennen die Obere, Mittlere und Untere Schoss deutlich voneinander. Jede der vielen Einzellagen am Nussberg ist erstklassig, die beste befindet sich genau in der Mitte: Die Mittlere Schoss, ein Band der Lagen Langteufel, Preussen, Rosengartl, Gollin, Ulm und der untere Ausläufer der Oberen Schoss sind das Herzstück, die „Grand Cru"-Zone. Jede dieser Lagen hat ihren ganz besonderen, eigenständigen Charakter, den Gemischter Satz, Riesling und Grüner Veltliner, aber auch Weiß- und Grauburgunder am besten zur Geltung bringen.

FOTOS VON CHRISTOF WAGNER

Buschenschank
Mayer am Nussberg

Die Weingüter **Mayer am Pfarrplatz** & **Rotes Haus**

Die Weingüter Mayer am Pfarrplatz und Rotes Haus sind ein Musterbeispiel für handwerklich-traditionelle Betriebe mit modernen Methoden. Diese Wiener Weine trinkt man auf der ganzen Welt.

Es ist eine Erfolgsgeschichte. Hans Schmid, Werbemogul, Unternehmer und *A la Carte*-Mitherausgeber, findet ein kleines Häuschen am Nussberg mit atemberaubendem Blick über Wien und vor allem mit Weingärten direkt vor der Tür. Er verliebt sich in das Haus und in die Idee, selber Winzer zu werden – Wiener Weine zu machen, die vielleicht auf

FOTO RECHTE SEITE: PHILIPP HORAK

Mit dem Roten Haus mitten in den Weinbergen begann alles, heute ist es ein kleines, feines Weingut und ziert als Logo die Etiketten der Weine.

der ganzen Welt getrunken werden. Und so kauft er das kleine rote Häuschen mit den Weinbergen, gründet sein eigenes Weingut und nennt es „Rotes Haus". Das alles ist jetzt schon mehr als 15 Jahre her. Heute gehören ihm zwei renommierte Weingüter, die in der obersten Liga mitspielen.

Möglich war das alles nur mit einem guten Team. Mit Leuten, die Biss hatten und seinen oft unerbittlichen Qualitätswillen teilten. Er hielt sie wohl ziemlich auf Trab, denn Schmid gilt als jemand, der nicht gerne halbe Sachen macht.

Über die Jahre wurden sie zu einer gut eingespielten Mannschaft – angeführt von Gerhard Lobner, Sohn einer Weinviertler Winzerfamilie und nicht nur ein Manager, sondern auch ein Mann mit praktischem Zugang zum Weinbau. Im Keller wiederum regiert eine Frau – Barbara Wimmer ist schon von Beginn an dabei.

2007 konnte Hans Schmid dann auch das Weingut Mayer am Pfarrplatz erwerben, das Franz Mayer, eine Wiener Winzer-Legende, bis ins hohe Alter führte. Während die Weine vom Roten Haus ausschließlich aus Trauben von Nussberger Lagen kommen, teilt sich Mayer am Pfarrplatz in mehrere Weingebiete auf – unter anderem gehören die Toplage Alsegg in Hernals oder der Sieveringer Schenkenberg dazu. Es sollen typische Wiener Weine sein, mit ausgeprägter Frucht und animierender Säure. Auch im Topbereich präsentieren sie sich knackig und zugänglich: wie der Riesling Nussberg Weißer Marmor oder der Sauvignon Hernals – beide Weine haben schon etliche Auszeichnungen abgeräumt. Mayer am Pfarrplatz bewirtschaftet inzwischen über sechzig Hektar Anbaufläche.

Das Rote Haus hingegen bleibt ein kleines, feines Weingut mit neun Hektar, das eher eine burgundische Stilistik anstrebt – komplexe Gewächse, für den anspruchsvollen Gaumen eben. In beiden Weingütern spielt der Gemischte Satz eine tragende Rolle, da sind sich Hans Schmid und Gerhard Lobner einig: Was früher abfällig als Mischkulanz bezeichnet wurde, habe einen phänomenalen sozialen Aufstieg erlebt und passe einfach zu Wien mit seiner historischen Vielfalt an Völkern und Kulturen. Der Gemischte Satz sei auch immer für Überraschungen gut – das gefällt Lobner.

Sonst ist er eher ein Mensch, der lieber den gesunden Mittelweg geht. Extreme sind nicht seine Sache, weder im Weingarten noch bei der Vinifikation. Man müsse nicht jedem Trend hinterherlaufen. Der Erfolg gibt ihm Recht. „Wir sind auf dem Weg, eines der führenden heimischen Weingüter zu werden", ist er überzeugt, „haben Lagen mit Potenzial und eine Mannschaft, die das umsetzen kann!" —

WEINGUT ROTES HAUS www.rotes-haus.at
MAYER AM PFARRPLATZ www.pfarrplatz.at
beide: Pfarrplatz 2, 1190 Wien, Tel.: 01/336 01 97

Die Heurigen
Mayer am Pfarrplatz & Mayer am Nussberg

Ein Haus mit Geschichte, das die Tradition hochhält, aber dennoch in puncto Wein und Kulinarik sowie einer eigenen Pop-up-Location am Puls der Zeit ist.

Es ist nicht nur ein besonders hübsches Haus, sondern auch ein Haus mit einer besonderen Geschichte: das Beethoven-Haus am Pfarrplatz, in dem der große deutsche Komponist 1817 wohnte und an seinem bekanntesten Werk, der 9. Symphonie mit ihrer „Ode an die Freude", arbeitete. Und es ist wahrlich eine Freude, in dem entzückenden Innenhof unter alten Nussbäumen zu sitzen – mit einem Gläschen vom hauseigenen Gemischten Satz und einer knusprigen Spanferkelstelze. Über eine kleine Treppe kommt man dann auch in die ehemalige Wohnung Beethovens, von dem man weiß, dass er dem Wiener Wein durchaus nicht abgeneigt war.

Auch heute noch wird regelmäßig musiziert in dem geschichtsträchtigen Haus: vielleicht keine Symphonien, aber zumindest Wienerlieder – in einer Weise auch kleine Oden an die Freude. Hie und da wird auch ein wenig Jazz geboten.

Im Mayer am Nussberg hingegen wird das Kontrastprogramm gespielt: Mitten in den Weinbergen, hoch über Wien installierte man eine Art „Heurigen-Chill-out". Das Ambiente ist lässig und die Verpflegung erstklassig: köstliche Heurigenklassiker mal traditionell, mal modern interpretiert – vom Speckwurzelbrot bis zur hausgemachten Gänseleberpastete –, dazu natürlich eine feine Auswahl von den beiden Weingütern des Hausherren Mayer am Pfarrplatz und Rotes Haus. Besonders empfehlenswert ist das Nussberg Carpaccio, ein hauchdünn aufgeschnittener Kümmelbraten, kombiniert mit einem Sauvignon Blanc Hernals.

Von Zeit zu Zeit gibt es auch Musik, freilich völlig „schrammelbefreit". DJs sorgen für entspannte Lounge- und Chill-out-Sounds. Vornehmlich jung gebliebenes Publikum genießt vom Liegestuhl aus den Blick über Wien. Derzeit eine der angesagtesten Heurigen-Locations der Stadt. —

HEURIGER MAYER AM PFARRPLATZ Pfarrplatz 2, 1190 Wien
Mo.–Sa. 16–24, So., Fei. 12–24 Uhr
Tel.: 01/370 12 87, www.pfarrplatz.at

MAYER AM NUSSBERG Buschenschank Kahlenberger Straße vis-à-vis Nr. 210, 1190 Wien; geöffnet bei Schönwetter von 15. April bis 31. Oktober; Tel.: 0699/19 18 24 12
www.mayeramnussberg.at

Beim Mayer am Pfarrplatz sitzt, trinkt und isst man nicht nur besonders gut, hier erlebt man auch Geschichte – oder beim Mayer am Nussberg Natur (li.).

Franz Michael Mayer
Vitikultur

Anders als die anderen: F. M. Mayer erzeugt „Weltweine“ aus exotischen Trauben, die auf großartige Weise das Terroir seiner Wiener Top-Lagen zum Ausdruck bringen.

Er legt Wert darauf, ein Individualist zu sein. Einer, der nie nur den einfachsten Weg geht. Franz Michael Mayer hätte sich ins gemachte Nest setzen und den renommierten Betrieb seines legendären Vaters Franz Mayer übernehmen können – eine Weindynastie, die bis ins 17. Jahrhundert zurückreicht. Wollte er aber nicht.

Als er nach einigen Umwegen doch noch seine Liebe zum Winzerhandwerk entdeckte, beschloss er, alles ganz anders zu machen und unabhängig vom Übervater seine eigenen Vorstellungen vom Wein zu verwirklichen. Nach einigen Praktika in Deutschland, im Elsass und in Übersee erwarb er diverse Filetlagen am Nussberg, eröffnete 1999 sein Boutiqueweingut und pflanzte zum Erstaunen vieler Sémillon und Chardonnay aus Argentinien aus. Von nur 2,5 Hektar Rebland wollte er „Weltwein aus Wien“ machen, der anders schmecken sollte, als man es bis dato gewohnt war.

„Als kleiner Winzer muss man sich von der Masse absetzen“, glaubt er, „ sonst geht man unter.“ Außerdem habe er keine Lust gehabt, immer an seinem berühmten Vater gemessen zu werden. Was wohl einige als Spleen abtaten, wurde zu einer Erfolgsgeschichte: Das Boutiqueweingut etablierte sich als ernsthafter Betrieb, der heute ganz oben mitspielt. Seine charakteristischen Gewächse sind begehrt und meist schnell ausverkauft. Der „Semio“, eine, wie er es nennt „österreichische Interpretation“ des Sémillon, sorgte damals für Aufsehen und ist heute längst Kult. Mayer war der erste heimische Winzer, der die edle Sorte hierzulande auspflanzte.

Von den einzigartigen Muschelkalkböden am Nussberg erhält sie eine salzige Note – gepaart mit einer zarten Frucht ergibt das einen überaus animierenden Geschmack. Der rebellische Weinmacher ist überzeugt, dass auf einzigartigen Lagen auch aus exotischen Sorten terroirbetonte Gewächse entstehen können. Freilich vinifiziert er auch echte Wiener Klassiker, aber eben auf seine Art. Der Gemischte Satz „Schönin“ aus der für ihn schönsten Lage Goaßkeller ist wiederum eine internationale Interpretation der heimischen Spezialität. „Die Welt bleibt nicht stehen“, verrät er. Immer nur das Alte zu bewahren, bedeute Rückschritt. Da stellt er lieber die Wiener Weinwelt auf den Kopf. —

FM-MAYER.VITIKULTUR Eroicagasse 6, 1190 Wien
Tel.: 0699/12 02 77 85, www.fm-vitikultur.at

F. M. Mayer – ein Weinrebell, der mit seinen „exotischen" Gewächsen die Wiener Weinwelt auf den Kopf stellt.

Nussdorf & Heiligenstadt

WEINGÄRTNEREI PETER UHLER

Hackenberggasse 29/7/4, 1190 Wien
Tel.: 0660/533 75 51
peter.uhler@chello.at

Buschenschank am Reisenberg
Oberer Reisenbergweg –
Tor: Weinbau Hengl

Dass Wein und Musik zusammenpassen, ist ein alter Hut. Beide haben die Kraft zu entzücken und zu berauschen. Dionysos, der griechische Gott des Weines, der Freude und des Genusses, war bekanntlich auch ein Freund der Musik. Trotzdem kommt es selten vor, dass ein Musiker auch selbst Wein macht. Peter Uhler ist einer von ihnen. Der klassisch ausgebildete Violinist ist nicht nur Erster Geiger beim ORF Radio-Symphonieorchester, sondern auch Winzer in Wien. Uhler spielt aber auch seit mehr als 20 Jahren bei den „Neuen Wiener Concert Schrammeln", einer Gruppe von Vollblutmusikern, die Schrammelmusik in ihrer ureigensten Form bieten, aber auch zeitgemäß interpretieren. Irgendwann entwickelte sich aus dem Bemühen, „unverfälschte Wiener Musik" zu spielen, wohl auch der Wunsch, „unverfälschten Wiener Wein" zu machen. Außerdem erbte Uhler ein kleines Schrebergartenhäuschen beim Grinzinger Reisenberg, einer der besten Wiener Weinlagen. Genau dort konnte er schließlich 2001 einen Weingarten in Pacht erwerben. Heute hat er gut zwei Hektar am Reisenberg und am Nussberg, die er von Beginn an nach biodynamischen Richtlinien bewirtschaftete. Denn für ihn sind es zwei Instrumente, die Lage und der Rebstock, die letztlich guten Wein schaffen. Die Vitalisierung des Bodens durch Begrünung und die Verwendung von Kräuterauszügen sowie biodynamischen Präparaten zur Stärkung der Rebstöcke ermöglichen für ihn nicht nur Qualität, sondern auch den spezifischen Ausdruck seiner Gewächse: „unverfälschten Wiener Wein" eben. Auch wenn er die „solistische Leistung" reinsortiger Weine überaus schätzt, die wirkliche Liebe des Orchestermusikers gilt dem Gemischten Satz. Die Mehrstimmigkeit der Rebsorten, die sowohl selbständig als auch im Ensemble wirken – und bestenfalls ein harmonisches Ganzes ergeben – fasziniert ihn offensichtlich. Anders als im Konzertsaal lassen sich die einzelnen Komponenten aber nur schwer kontrollieren – Gemischter Satz sei immer auch ein aufregendes Produkt des Zu-

Musiker und Winzer: Peter Uhler liebt Orchestermusik und den Wiener Gemischten Satz.

Beim Kierlinger ist Heurigengeschichte überall spürbar.

falls, dem man nur mit Intuition begegnen könne. Neben einem klassischen weißen Gemischten Satz produziert Uhler auch eine „Mischkulanz" aus roten Sorten, die inzwischen legendär ist. Besonders gut „klingen" seine Weine in der Buschenschank am Reisenberg, die er gemeinsam mit Mathias Hengl (Weingut Hengl-Haselbrunner) vom Frühling bis zum Herbst betreibt: mitten in den Weinbergen mit überaus berauschendem Blick über Wien.

KLAUS WINDISCHBAUER

Klaus und Susanne Windischbauer
Greinergasse 27, 1190 Wien
Tel.: 01/318 05 31
ÖZ laut Aussteckkalender
www.windischbauer-wein.at

Getreu dem Motto „Wir schenken unseren Wein dort aus, wo er wächst" werden die für den Nussberg klassischen Sorten Weißburgunder und Riesling bei Windischbauer mitten in den Weingärten ausgeschenkt. Dazu genießt man in der „Buschenschank mit Blick nach Süden" regionales Hausgemachtes, mediterrane Speisen und selbst importierte handgemachte Produkte aus Süditalien. Nur an einigen Wochenenden im Jahr bei Schönwetter ist ausgesteckt!

KIERLINGER

Kahlenberger Straße 20, 1190 Wien
Tel.: 01/370 22 64
ÖZ laut Aussteckkalender
www.kierlinger.at

Tradition und Innovation bilden bei diesem geschichtsträchtigen Heurigen ein perfektes Gespann, sowohl in Sachen Weinbau als auch beim Heurigen selbst, dessen Entstehen sich bis ins 18. Jahrhundert zurückverfolgen lässt. Ob im Garten unter den uralten Bäumen oder im kitschfreien Lokal des alten Winzerhauses – hier ist Heurigengeschichte spürbar. Bei einem Glas Gemischtem Satz und bei nach Familienrezepten zubereiteten Schmankerln wird man an den Ursprung des Wiener Heurigen zurückversetzt.

WERNER WELSER

Probusgasse 12, 1190 Wien
Tel.: 01/318 97 97
Täglich ab 15.30 Uhr
www.werner-welser.at

Ein altes Winzerhaus mit gemütlicher Stube, ein wunderschöner Innenhof und live vorgetragene originale Wienerlieder – so muss ein traditioneller Wiener Heuriger sein. Bei Werner Welser findet man all das. Die süffigen Weine stammen aus eigenem Anbau, der von der Familie Welser bereits seit 250 Jahren betrieben wird. Aus den Trauben vom Fuße des Kahlenbergs werden unter anderem Grüner Veltliner, Riesling und Cabernet Sauvignon gekeltert. Das vielseitige Angebot pikanter bis süßer Speisen komplettiert die hier erlebbare Alt-Wiener Heurigentradition.

WEINGUT WAILAND

Hammerschmidtgasse 15
1190 Wien
Tel.: 0664/992 27 23

Weingarten Ried Pratteln
Kahlenberger Straße /
Ecke Eisernenhandgasse /
Heinz-Werner-Schimanko-Weg, 1190 Wien
ÖZ laut Aussteckkalender
www.wailandwein.at

Grüner Veltliner, Welschriesling und Zweigelt sind die Hauptsorten der Gunstlagen Ried Mitterberg und Pratteln, und sie wurden bereits mit zahlreichen Auszeichnungen bedacht. Hinzu kamen die Toplagen Ried-Preussen, Ried Purgstall und Ried Reisenberg,

Bei Werner Welser gibt's zum Wiener Wein auch Wienerlieder.

FOTOS V. L. I. U.: PETER M. MAYR, PHILIPP HORAK (2)

welche hervorragende Voraussetzungen für Riesling und Gemischten Satz bieten. Etwa an zwei Wochenenden im Monat kann man in der Buschenschank bei einzigartigem Blick über Wien die feinen Weine und kalten Schmankerln genießen.

Wagner im Preysl: Jausenhappen und Gemischter Satz mitten im Weingarten

MAYER AM NUSSBERG – BUSCHENSCHANK

Kahlenberger Straße vis-à-vis 210
1190 Wien, Tel.: 0699/19 18 24 12
bei Schönwetter Fr., Sa. 14–22,
So., Fei. 12–22 Uhr
www.mayeramnussberg.at

Purer Genuss bei einer bewusst puristischen Speisenauswahl gepaart mit urbanem Lifestyle in ländlicher Atmosphäre. Zu knusprigem Bauernbrot werden Speck, Käse und Aufstriche sowie hausgemachte Mehlspeisen gereicht – alles von heimischen Produzenten. Dazu genießt man die ausgezeichneten Weine von den beiden Weingütern Mayer am Pfarrplatz und Rotes Haus. Perfekt abgerundet wird dies durch den traumhaften Ausblick inmitten der Weinberge über Wien.

WAGNER IM PREYSL

Cebotariweg / Ried Preussen
1190 Wien, Tel.: 0664/510 38 13
Mai bis Oktober am 1. Wochenende des Monats Fr.–So. ab 15 Uhr,
bei Schönwetter

Die versteckte Lage, die eingeschränkten Öffnungszeiten und die hauptsächlich durch Mundpropaganda herbeigeführten Besucher machen die „Picknick-Buschenschank" zum wahren Geheimtipp. Bei einem uralten Winzerhäuschen inmitten der Weingärten schenkt Quereinsteiger Wolfgang Wagner seine bemerkenswerten Gemischten Sätze aus. Dazu gibt es tapasähnliche Jausenhappen in einer einmaligen Kulisse. Ein einzigartiges und sehr intimes Heurigenerlebnis.

HEURIGER SIRBU

Kahlenberger Straße 210, 1190 Wien
Tel.: 01/320 59 28, Mo.–Fr. 16–23,
Sa. ab 15 Uhr, So., Fei. geschlossen
www.sirbu.at

Ein malerischer Ausblick vom höchstgelegenen Heurigen der Stadt, welcher Wanderer, Verliebte und Genießer gleichermaßen anlockt. Die Vinothek bietet mäßig gute Schankweine bis hin zu prämierten Bouteillenweinen wie Riesling, Weißburgunder und Gemischten Satz. Für Kümmelbraten, Blunzen, verschiedenste Strudel und Co muss man hin und wieder längere Wartezeiten in der Schlange beim Buffet in Kauf nehmen. Wer sich vom lebendigen Heurigenbetrieb etwas zurückziehen möchte, tut dies am besten auf der „romantischen Bank". Hier kann man es sich bei einem Gläschen Wein und dem herrlichen Ausblick in aller Ruhe gutgehen lassen.

Bei Andreas Wagner geht es urig und traditionell zu – wie damals.

ANDREAS WAGNER

Wildgrube 48, 1190 Wien
Tel.: 0650/738 00 03
April bis September täglich ab 15 Uhr, Oktober Do.–So., bei Schönwetter
www.wildgrube48.at

Urig und traditionell mit Naturgarten mitten im Weinberg. In dem mit Fichtenbrettern verkleideten Presshaus findet sich die Vitrine mit der heurigentypischen Bandbreite an Bratlfett, Grammelschmalz, Verhackertem, Aufstrichen und selbstgemachten Mehlspeisen. Ausschließlich heimische Produkte und heimische Weine aus Eigenanbau von bester Nussberger Rebfläche, die sich direkt neben der Buschenschank befindet. Ein Heurigenerlebnis wie damals.

FOTOS: PHILIPP HORAK

SALAMI
TAKTIK
STASTNIK
ist Salami-Meister
Ungarische Salami
UNSER SALAMI-MEISTER EMPFIEHLT:
SCHEIBCHEN FÜR SCHEIBCHEN GENIESSEN.
www.stastnik.at

Neustift am Walde

Mancherorts spürt man hier noch die Stimmung des uralten Wiener Weinbaus. Auf jeden Fall gedeiht in Neustift bester Wein an den schönsten Plätzen Wiens – den Rieden Mitterbergen und Neubergen.

Im verhältnismäßig „jungen" Neustift findet man die größten und prächtigsten Heurigenrestaurants von ganz Wien, Bustourismus ist ein Thema, und beim Neustifter Kirtag feiert die Winzerschaft in Tracht und Lederhose. Der eindrucksvolle Hang oberhalb Neustifts gilt als Wiens steilste geschlossene Weinbaufläche – und mit gut 40 Hektar in einem Stück auch als eine der größten. Dabei unterscheidet sich der Charakter der drei Subrieden aber recht deutlich: Hofstädten bietet tiefe, mit Feuchtigkeit gut versorgte Böden für unkomplizierte Weine; Mitterbergen, das mächtige Filetstück, ist geprägt von mit Kalkstein durchwirktem Lehmboden, ein idealer Weinboden; Neubergen mit seinen kargen und sehr trockenen Böden ist seit jeher eine Herausforderung – allerdings mit der Chance, hier Großes zu keltern. Die ursprüngliche Hauptriede von Neustift, der Hackenberg, ist durch Zersiedelung und Kleingärten schon nahezu verschwunden, wurde in den vergangenen Jahren aber als erstklassige Rotweinlage wiederentdeckt und wird entsprechend gepflegt.

FOTOS VON MICHAEL REIDINGER

Fuhrgassl-Huber

Stand bis dato eher der spektakuläre Großheurige im Vordergrund des Huber'schen Imperiums, rückt nun der Wein nach.

Ernst Huber ist bereits zu Lebzeiten eine Legende der Wiener Weinkultur. Mit seinem neuartigen Typus von Großheurigen in dem einst verschlafenen kleinen Ort Neustift am Walde setzte er völlig neue Maßstäbe. Sie wurden in den 1970er und 80er Jahren zum Prototyp des Nobelheurigen. Ernst Huber und seine Frau Gerti schufen ein bezirksübergreifendes Heurigenimperium, das dann unter ihren Töchtern aufgeteilt wurde. Der Stammheurige wird inzwischen von ihrer Enkelin Theresa geführt.
Die Weinproduktion stand unverdienterweise immer ein wenig im Schatten des spektakulären Heurigen. Seit Enkel Thomas vor einigen Jahren das Ruder im Betrieb übernommen hat, rücken die Weine jedoch wieder in den Vordergrund. Er hat es sich zum Ziel gesetzt, zur Spitze der Wiener Winzer aufzuschließen, und das scheint ihm auch zu gelingen: Seine Gewächse sorgen zunehmend für Aufmerksamkeit in der Fachwelt. Seit 2014 ist er auch Mitglied des erlesenen Vereins „Wien Wein". Darauf ist der blutjunge Winzer besonders stolz, will er doch beweisen, dass ein traditioneller Heuriger nicht nur Touristenbusse abspeisen, sondern auch hervorragenden Wein produzieren kann. Die Voraussetzungen dafür hat er: Er ist praktisch im Weingarten aufgewachsen. Schon als Kleinkind wurde er vom Großvater als dessen Nachfolger vorgestellt, und im Schulalter war er auch selbst sicher, später einmal Winzer zu werden.

Thomas Huber setzt auf modernste Kellertechnik und das traditionelle Weinwissen seines Großvaters Ernst.

Obwohl Thomas Huber den Keller vor Kurzem auf den neuesten Stand der Technik brachte, lässt er auch traditionelles Weinwissen und die Erfahrungen seines Großvaters einfließen. Neben den üblichen Weiß- und Rotweinsorten, die es in verschiedenen Qualitätsstufen gibt, setzt Thomas Huber verstärkt auf den „Wiener Gemischten Satz", der inzwischen auch den Großteil seiner Produktion ausmacht.

Ernst Huber ist stolz auf seinen Enkel und unterstützt ihn nach Leibeskräften. Schließlich habe er immer schon gewusst, dass aus dem Buben einmal ein großer Winzer wird. —

FUHRGASSL-HUBER
Neustift am Walde 68, 1190 Wien
Tel.: 01/440 14 05, Mo.–Sa. 14–24,
So., Fei. 12–24 Uhr, www.fuhrgassl-huber.at

Heurige in Neustift

EISCHER'S KRONENSTÜBERL

Neustift am Walde 87, 1190 Wien
Tel.: 01/440 29 38
ÖZ laut Aussteckkalender
www.eischer.at

Bei Eischer's gilt der Abstieg als perfekter Einstieg für den Heurigenbesuch. Nämlich der Abstieg in den Weinkeller. Nach dem einen oder anderen Probeachterl der naturbelassenen Weine im historischen Gewölbe geht's mit der erlesenen Bouteille wieder hinauf ins Heurigenlokal. Zur wohlverdienten Stärkung gibt es dort eine Vielzahl deftiger Heurigenschmankerln vom Buffet und saisonale Köstlichkeiten von der Speisekarte.

RESTAURANT FRISEURMÜLLER

Hameaustraße 30–32, 1190 Wien
Tel.: 01/440 14 14
täglich ab 11.30 Uhr
www.friseurmüller.at

Der Wein aus Eigenanbau ist ein trockener und süffiger Gemischter Satz, der seinen Ursprung von Reben in Neustift und Salmannsdorf hat. Passend zum Wein findet sich am Buffet eine Auswahl heurigentypischer Schmankerln, die durch saisonale Spezialitäten von der Speisekarte erweitert wird. Regelmäßige Veranstaltungen wie Wiener Zither-Musikabende machen die Wiener Heurigentradition zum spürbaren Erlebnis.

Die Winzerfamilie Ferschel im Weingarten

PRAGER ANETTE HEURIGER & WEINBAU

Salmannsdorfer Straße 10, 1190 Wien
Tel.: 01/440 20 85
Mai–Juli, September, Oktober
Do.–So. 16–23 Uhr

Gemäß dem Motto „Klein, aber fein“ trifft man am Ende des Neustifter Weinwanderwegs auf diesen kleinen Heurigen, der sich inmitten eines alten Weingartens befindet. Sowohl im gemütlich urigen Lokal als auch im romantischen Garten fühlt man sich sogleich in eine andere Zeit versetzt. Zu diesem Heurigenerlebnis gibt es prämierte Qualitätsweine und Hausgemachtes vom Buffet.

SCHIEFER GIEBEL – BUSCHENSCHANK FERSCHEL

Rathstraße 30, Neustift am Walde, 1190 Wien, Tel.: 0664/544 04 30
ÖZ laut Aussteckkalender
www.schiefer-giebel.at

Durch sanfte Neuorientierung und gezielte Qualitätsproduktion in den letzten 17 Jahren ist es der

In Eischer's Kronenstüberl ist zusammenrücken angesagt, vor allem am Neustifter Kirtag.

FOTOS: LINKE SEITE: V. U. N. O.: EISCHER'S KRONENSTÜBERL (2), BUSCHENSCHANK FERSCHEL; RECHTE SEITE: V. O. N. U.: PETER M. MAYR, FRANK RUMPENHORST / DPA / PICTUREDESK.COM

seinen vielen gemütlichen Stuben und dem schönen Garten reichlich Platz für Feiern aller Art. Am Buffet findet man eine große Auswahl an kalten und warmen Speisen, welche die hauseigenen Weine perfekt begleiten.

WEINHOF ZIMMERMANN

Mitterwurzergasse 20, 1190 Wien
Tel.: 01/440 12 07, Mitte März bis Ende Oktober Di.–Sa. 15–24, So. 13–22 Uhr
www.weinhof-zimmermann.at

Der traditionsreiche, familiär geführte Weinhof Zimmermann lädt im Sommer mit seinem herrlichen Naturgarten inmitten der Döblinger Weingärten und im Winter mit seiner Kaminstube zu einem gemütlichen Glaserl Wein oder frischem Traubensaft aus eigenem Anbau ein. Am Buffet wird man mit österreichischer Küche und saisonalen Spezialitäten verwöhnt, und für die lieben Kleinen gibt's einen Spielplatz und Tiere zum Streicheln, falls man doch noch ein zweites Glaserl trinken möchte …

Familie gelungen, ihre Weingartenfläche zu verdreifachen und deren Sortenvielfalt auszubauen. Im Haus mit dem geneigten Giebel – daher der einprägsame Name – befindet sich die Buschenschank, in der in gemütlicher Atmosphäre Eigenbauweine und typische Heurigenschmankerln genossen werden können.

HEURIGER WOLFF

Rathstraße 46–50, 1190 Wien
Tel.: 01/440 23 35
täglich 11–24 Uhr
www.wienerheuriger.at

In den rustikal eingerichteten Stüberln mit holzbeheizten Kachelöfen und Kerzenlicht fühlt man sich gleich pudelwohl. Und auch der Heurigenhof mit Terrassengarten für Schönwettertage lädt zum Entspannen und Genießen ein. Traditionell werden hier ausschließlich die eigenen Weine ausgeschenkt, die von Rieden in Neustift am Walde, Sievering, Grinzing und Nussdorf stammen. Zusätzlich zum Trinkgenuss werden die Gäste mit Schmankerln der Wiener Küche und hausgemachten Süßigkeiten vom Buffet verwöhnt.

ZEILER AM HAUERWEG

Rathstraße 31, 1190 Wien
Tel.: 01/440 13 18
Mo.–Sa. 15–24, Fei. 14–24 Uhr
www.zeileramhauerweg.at

Das urige, um 1600 erbaute Gebäude ist seit 1802 Stammsitz der Familie Zeiler und bietet in

Beim Heurigen Wolff fühlt man sich wohl, drinnen wie draußen (oben).

FOTO: HERBERT LEHMANN / PICTUREDESK.COM

Sievering

Keine falsche Bescheidenheit: Gut versteckt hinter prächtigen Villen befinden sich die Weingärten eines der wichtigsten Weinorte Wiens, wie die international prämierten Gewächse von den dortigen Toplagen zeigen.

Der traditionsreiche ehemalige Wiener Vorort ist seit langer Zeit für seinen Weinbau und seine Weinkultur bekannt. Die Sieveringer Weingärten befinden sich an den Ausläufern des Pfaffenbergs, der Bellevue-Höhe und des Schenkenbergs sowie über dem engen, kühlen Tal des Arbesbachs. Die unterschiedliche Bodenstruktur der einzelnen Rieden sorgt für Sortenvielfalt unter den Sieveringer Weinen, die je nach Lage fein-fruchtig, würzig-tiefgründig oder auch ausgesprochen mineralisch ausfallen können.

Roland **Kroiss**

Der „Hackenbergerländer" macht mit seinen Top-Rotweinen aus dem 19. Bezirk den Wienern Konkurrenz – durch Illmitzer Know-how.

Roland Kroiss ist der einzige der zahlreichen Wiener Newcomer-Winzer der vergangenen Boom-Jahre, der nicht aus einer völlig fremden Branche in Wiens Weingärten wechselte. Kroiss ist kein Immobilienmakler, kein Grafiker, kein Musiker, kein Architekt, kein Gastronom, Roland Kroiss war schon vorher Winzer, aber halt in Illmitz im Burgenland. Wiener Weinbauer wurde er durch die Heirat mit Erika Braunsberger, deren Familie eines der letzten Weingüter in Wien-Sievering führt. 2005 übernahm er mit seiner Frau den schwiegerelterlichen Betrieb, was für den Wiener Wein nicht ganz ohne Folgen blieb. Denn von da an kamen plötzlich Top-Rotweine auch aus dem 19. Bezirk und nicht immer nur vom Bisamberg oder aus dem sonnigen Süden Mauers.

Kroiss sorgte gewissermaßen für einen Transfer von Know-how, er adjustierte seine Zweigelt-Weingärten nach modernen Erkenntnissen und passte sie den Wiener Klima-Bedingungen an, sorgte also für eine breitere, höhere und luftigere Laubwand, um auch im Norden physiologische Reife gewährleisten zu können, die in der pannonischen Tiefebene ganz selbstverständlich ist.

Noch wesentlicher ist aber wohl die Akribie, mit der sich Roland Kroiss um die Rettung der Riede Hackenberg bemühte, eine einstmals legendäre Wiener Weinriede, die bis auf ein paar Weingärten schon fast völlig von Kleingärten zersiedelt war. Der lehmig-schottrige Boden, die nachgerade perfekte Süd-Exposition und damit fantastische Sonnennutzung sowie die eklatante Abkühlung über Nacht faszinierten den Burgen-Wiener und machten den Hackenberg zum Favoriten unter seinen Weinrieden. Weshalb es auch nicht lange dauerte, bis Kroiss nicht mehr nur mit seinen Rotweinen auf sich aufmerksam machte, sondern auch mit seinen Rieslingen vom Hackenberg, die stets mit einer eindrucksvollen Steinobstaromatik aufwarten; aus alten Riesling-Anlagen stammt eine Sonderfüllung namens Hackenberg Alte Reben.

Und natürlich der Heurige. Sievering wurde gastronomisch ja stark modernisiert, das Restaurant Hill oder die Szenelokale Ablaufdatum und Café Nest prägen das Bild. Der Kroiss-Heurige gehört da aber auch absolut dazu, mit seinen niedrigen Stuben, dem dunklen Holz, dem Nussbaum. Abgesehen davon, dass der jedes zweite Monat geöffnete Heurige der sicherste Weg ist, um zu den raren Weinen der Familie Kroiss zu kommen. —

WEINGUT KROISS Sieveringer Straße 108
1190 Wien, Tel.: 01/320 39 92, Heuriger geöffnet in ungeraden Monaten täglich 15.30–23 Uhr, www.rolandkroiss.at

Wenn ein Illmitzer mit einer Wienerin gemeinsam Wein macht: das Winzer-Ehepaar Roland und Erika Kroiss.

FOTOS: CHRISTOF WAGNER

Beim Zawodsky sitzt und trinkt man traumhaft im Naturgarten.

Heurige in Sievering

BUSCHENSCHANK HASLINGER

Agnesgasse 3, 1190 Wien
Tel.: 01/440 13 47
ÖZ laut Aussteckkalender
www.buschenschank-haslinger.at

Der schattige Gastgarten und die gemütliche Dachterrasse mit einem herrlichen Ausblick auf die Sieveringer Weingärten locken ebenso wie das ordentliche Heurigenbuffet mit kalten und warmen Speisen. Besonders beliebt sind die Martinigansln und der Heringsschmaus – nur auf Vorbestellung. Ausgezeichnete Eigenbauweine.

Die Buschenschank Haslinger ist ein uriger, traditioneller Ort Wiener Weinkultur.

WEINBAU ZAWODSKY

Reinischgasse 3, 1190 Wien
Tel.: 01/32 07 97 82
ÖZ laut Aussteckkalender
www.zawdosky.at

Im verwunschenen Natur-Gastgarten zwischen Rebstöcken und Obstbäumen genießt man Speisen vom Heurigenbuffet oder – wenn man im Sommer zur richtigen Zeit zu Besuch ist – Herzhaftes vom Grill. Die Weinkarte umfasst ausschließlich Eigenbauweine, die Bouteillenweine werden auch glasweise ausgeschenkt.

BUSCHENSCHANK SCHREIBER GUSTAV

Sieveringer Straße 58, 1190 Wien
Tel.: 01/320 58 51
ÖZ laut Aussteckkalender

Das kleine Winzerhaus wird vom heiligen Nepomuk bewacht, welchem dieser noch ursprüngliche Betrieb auch seinen Beinamen „Zum Heiligen Nepomuk“ zu verdanken hat. Dazu passend ein Gastgarten mit alten Nussbäumen, kalte Küche und hausgemachte Mehlspeisen vom Buffet. Ausgeschenkt werden ausschließlich Eigenbauweine.

FOTOS V. R. U. I. U.: MICHAEL REIDINGER, PETER M. MAYR (2)

Kahlenbergerdorf

Man meint sich hier – zwischen Leopoldsberg und Burgstall – beinahe nicht mehr in Wien, und weinmäßig liegt man damit gar nicht so falsch.

Abgesehen davon, dass man vermutet, im Kahlenbergerdorf könnten die ersten menschlichen Ansiedelungen im Raum Wien erfolgt sein, ist unbestritten, dass die Burg am Leopoldsberg eine Babenbergerfestung war. Vom einstigen Reichtum dank Bergbau, Salzhandel und Weinbau merkt man heute kaum etwas: In den Gassen ist es ruhig, nur wenige Heurige sind noch in Betrieb. Was auch damit zu tun hat, dass fast alle der heute noch bestehenden Weingärten vom Stift Klosterneuburg bewirtschaftet werden, das dadurch zu einem der größten Weinbaubetriebe Wiens zählt. Die kalkreichen Löss- und Tonmergelböden der teils uralten Rieden Altweingarten, Jungherrn, Scheibling, Zweringer, Vorseherin, Gebhardin und Gunersdorferin eignen sich besonders für Burgundersorten. Je näher am Dorf, desto fetter sind die Böden, je weiter oben, desto seichter, weshalb in den höheren Lagen auch Riesling und Traminer (Riede Gebhardin) stehen.

FOTO: ANNA STÖCHER

Weingut
Stift Klosterneuburg

In einem der ältesten Weingüter des Landes wird das alte Wissen der Mönche erfolgreich mit ganz modernen Praktiken verknüpft.

Viele Weingüter verweisen auf eine lange Tradition – das Stift Klosterneuburg hat sie wirklich. Seit 1.114 Jahren betreibt der Orden der Augustiner Chorherren Weinbau – mit 900 Jahren ist es das älteste Weingut Österreichs. Die Ordensbrüder sind ja seit jeher bekannt für ihr Interesse und Gespür für den Weinbau. Mit viel Liebe pflegten sie die Rebstöcke, und auch im Keller zeigten sie sich durchaus geschickt. Solange die Ordensbrüder das Weingut Stift Klosterneuburg führten, hatten die edlen Gewächse jedenfalls großes Ansehen und waren weltweit begehrt.

Nach vielen Jahren eher bescheidener Qualität hat man dann 2007 einen neuen Weingutsleiter engagiert: Wolfgang Hamm ist angetreten, um das stattliche Weingut wieder an die Spitze zurückzuführen. Ein ehrgeiziges Ziel, denn mit 108 Hektar Rebfläche, verstreut über drei Weinregionen, ist das keine leichte Aufgabe. Aber er und sein Team sind auf einem ziemlich guten Weg, wie sich an den diversen Auszeichnungen erkennen lässt.

Man habe halt lange das Potenzial der Lagen und die jahrhundertealte Erfahrung des Weinguts nicht genutzt. Er möchte wieder an dem alten Wissen der Mönche anknüpfen und mit völlig neuen Praktiken kombinieren. Der alte Barockkeller unter dem Stift soll das verdeutlichen: Das historische Gewölbe reicht über vier Etagen bis in eine Tiefe von 36 Metern hinab. Ausgestattet ist er jedoch mit modernster Kellertechnik – für eine „zukunftsweisende Vinifikation", wie Hamm es nennt. Gleichzeitig besinnt man sich auf alte Werte wie eine schonende Bewirtschaftung der Weingärten. „Der Boden ist für uns alles", meint er. Die Wiener Lagen sind rund um den Kahlenberg verteilt und einige Weinberge seit Jahrhunderten im Besitz des Stifts.

Aber auch im Keller soll nach der Vergärung nur minimal eingegriffen werden, um die Charakteristik der Lagen zu erhalten. Industrielle Vinifikation sei nicht das Seine, bekennt er – jeder Wein werde individuell ausgebaut, jeder Weingarten separat in eigenen Fässern. Das Eichen- und Akazienholz dafür kommt aus den stiftseigenen Wäldern. —

WEINGUT STIFT KLOSTERNEUBURG
Stiftsplatz 1, 3400 Klosterneuburg
Tel.: 02243/41 15 22
www.stift-klosterneuburg.at

FOTOS: CHRISTOF WAGNER

Zukunftsweisende Vinifikation vor historischer Kulisse: Wolfgang Hamm hat das Weingut wieder an die Spitze zurückgeführt.

Heurige im Kahlenbergerdorf

Die Aussicht vom Heurigen Hirt ist – ebenso wie die Weine und die Stimmung – betörend.

FOTOS V. U. N. O.: KREATOREX / SHUTTERSTOCK.COM, HEURIGER HIRT

WEINBAU TASCHLER

Geigeringasse 6, 1190 Wien
Tel.: 0664/447 13 96
ÖZ laut Aussteckkalender

Die im 19. Bezirk gewachsenen Trauben werden schonend gepresst und im bereits seit dem Mittelalter bestehenden Hauskeller vergoren und gereift. Im hinteren Teil des schönen alten Winzerhauses befinden sich die Buschenschank und der Gastgarten mit dem alten Nussbaum. Zum klassischen kalten Buffet mit hausgemachten Speisen gibt es eine Auswahl aus mindestens zehn verschiedenen eigenen Weinen.

HEURIGER HIRT

Eiserne Handgasse/Parzelle 165, 1190 Wien,
Tel.: 01/318 96 41, 0664/277 31 41
1.4.–31.10.: Mi.–Fr. ab 15, Sa., So., Fei. ab 12 Uhr; 1.11.–31.3.: Fr.–So., Fei. ab 12 Uhr
www.heuriger-hirt.at

Ein beliebtes Ausflugsziel für Wanderer und Gäste, die der Stadt entfliehen wollen, um in wundervoller Lage den traumhaften Blick auf Wien und die Donau zu genießen. Gemäß alter Heurigentradition gibt es beim Buffet hausgemachte kalte und warme Heurigenschmankerln. Ausgeschenkt werden ausschließlich Weine aus Eigenanbau.

Erfüllen Sie sich jetzt Ihren Herzenswunsch.

Im Leben bleiben viele Wünsche offen. So wie der Kindheitstraum vom eigenen Pony. Aber den einen oder anderen aktuellen Herzenswunsch muss man sich einfach erfüllen. Der flexible WunschKredit der Bank Austria macht's möglich. Endlich ein Kredit, den man individuell und unkompliziert abschließen kann – für alles ab 1.000 Euro, mit flexibler Ratenhöhe und Sofortentscheidung. Ab sofort in Ihrer Bank Austria Filiale.

wunschkredit.bankaustria.at

Das Leben ist voller Höhen und Tiefen. Wir sind für Sie da.

Willkommen bei der Bank Austria

Member of UniCredit

Hernals & Ottakring

Wein-Kleinode mit langer Geschichte inmitten attraktiver Wohngegenden: Die Hernalser Ried Alsegg ist einer der ältesten Weingärten Österreichs, und um den Wilhelminenberg zeugt eine ehrliche Heurigenkultur noch von der Ottakringer Weinbautradition.

Ottakring war bis Ende des 19. Jahrhunderts ein Weinbauort wie Grinzing, Neustift, Salmannsdorf, Sievering, Nussdorf und Heiligenstadt. Die Ottakringer Weingärten bedeckten das gesamte Liebhartstal, und die Hänge des Wilhelminenbergs und Predigtstuhls glichen im Mittelalter einem Rebenmeer. Heute zeugen nur noch wenige Heurige und zwei Weingärten von dieser langen Weintradition. Knapp sechs Hektar Weingärten befinden sich heute noch in Ottakring. Durch den angrenzenden Wienerwald geschützt, sind die lösshaltigen Böden mit hohem Kalkanteil am Wilhelminenberg ideal für eine Vielfalt an Rebsorten. Der alte Rosengarten auf der Baumgartner Höhe bietet mit seinem Braunerdeboden den Sorten Grüner Veltliner und Rheinriesling, aber auch dem Gemischten Satz optimale Bedingungen. Im 17. Wiener Gemeindebezirk befindet sich mit der Ried Alsegg eine geschlossene Einzellage, die durch den erstklassigen Riesling bekannt ist, der einen Großteil der Fläche einnimmt.

FOTOS VON CHRISTOF WAGNER

Gutsverwaltung Stift St. Peter

Mit Leib und Seele hat man sich hier dem Allgemeinwohl verschrieben: jenem der Natur, der Tiere und natürlich der Gäste der Buschenschank. Das schmeckt man auch.

Wenn Michael Landrichter das Selbstverständnis des Stifts St. Peter in Dornbach erörtert, wird schnell klar, dass hier neben Nachhaltigkeit und Authentizität vor allem Gastfreundschaft zentral im Denken und Tun verankert ist: „Es steht da durchaus der Mensch im Mittelpunkt", so der Gutsverwalter über die klösterliche Philosophie.

Entsprechend rückt das Wohlbefinden des Besuchers auch in der „Buschenschank zum Dornbacher Pfarrer" in den Fokus, mit der die Dependance des Salzburger Benediktinerstifts einen der ältesten Heurigen Wiens betreibt. Dem Anspruch, höchste Qualität in jeder Hinsicht zu bieten, hat man sich hier mit Leib und Seele verschrieben – und dass dieses Bestreben für den Gast spürbar wird, liegt wohl auch daran, dass die Verbindung aus Tradition und Moderne so gut gelingt: sei es durch den Umgang mit den jahrhundertealten Gemäuern, die 2008 mit viel Bedacht auf das ursprüngliche Erscheinungsbild renoviert wurden; sei es in Bezug auf die naturnahe und traditionelle Arbeitsweise im Weinbau, die sich zeitgemäßen Produktionsmethoden dennoch nicht verschließt. Kein Wunder also, dass die Buschenschank vor Kurzem in die Liste der Wiener Top-Heurigen aufgenommen wurde und mit ihren Eigenbau-Weinen einen weiteren Erfolg einfahren konnte: 2016 erstmals zur Wiener Landesweinbewertung eingereicht, schafften es sowohl der Wiener Gemischte Satz DAC als auch der Riesling prompt unter die Finalisten.

Nicht für die Öffentlichkeit zugänglich, dem leiblichen Wohl der Besucher aber dennoch zuträglich ist der klostereigene Stiftsgarten: Neben Hühnern, Schafen, Bienen und Obstbäumen wartet dieser mit einem großen Gemüse- und Kräutergarten auf – und was nebenan auf natürliche und artgerechte Weise produziert wird, landet frisch auf dem Heurigenbuffet.

Nach alten Rezepturen werden zudem eigene Liköre hergestellt, unter anderem auch ein feuriger Ingwerlikör. Daneben gibt es selbstgebrannte Schnäpse und hauseigenes Brot aus der Stiftsbäckerei in Salzburg, ein weiteres Highlight ist der von Hand aufgeschnittene Beinschinken. Untypisch für eine Buschenschank gibt es im Innenbereich übrigens mehr Sitzplätze als draußen – und man mag sich nicht so recht entscheiden, wo es schöner ist: in den Kellergewölben aus dem 11. Jahrhundert oder aber im ruhig gelegenen, begrünten Innenhof. Das macht aber nichts, man hat hier schließlich mehrmals im Jahr ausgesteckt! HANNAH SCHEDENIG

GUTSVERWALTUNG STIFT ST. PETER Rupertusplatz 5, 1170 Wien
Tel.: 01/486 46 75, Aussteckermine unter www.stiftstpeter.at

Der Gutsverwalter Michael Landrichter achtet auf Nachhaltigkeit in der Produktion und Gastfreundschaft im eigenen Heurigen.

Heurige in Ottakring & Hernals

10ER MARIE

Ottakringer Straße 222–224, 1160 Wien
Tel.: 01/489 46 47, Mo.–Sa. 15–24 Uhr
www.fuhrgassl-huber.at

Dass Ottakring einmal ein lebendiger Weinort war, sieht man nicht zuletzt an dem kleinen Heurigen-Konglomerat in Alt-Ottakring, dessen prominentester Vertreter zweifellos die 10er Marie ist. Seit 1740 kehren hier schon Wiens Weinfreunde und -freundinnen ein, gerne auch so prominente wie Kronprinz Rudolf, dessen Leibkutscher Bratfisch, Franz Schubert, Johann Strauss Vater, die Gebrüder Schrammel und sonst noch, was gesellschaftlichen Rang hat. 1993 übernahm die Neustifter Heurigen-Dynastie Huber das Haus, thematisch blieb man dem Thema Heurigen treu, wovon nicht zuletzt Heurigenbänke und eine üppig bestückte Vitrine zeugen, frisch gekocht wird aber natürlich auch. Auch die Tradition des Prominenz-Besuchs hat sich in der 10er Marie durchaus bewahrt, der Wein stammt mittlerweile halt nicht mehr aus Ottakringer Rieden, sondern aus Neustift und Nussdorf.

Bereits seit 1740 wird in der 10er Marie Wein ausgeschenkt.

WEINBAU HERRMANN

Johann-Staud-Straße 51, 1160 Wien
Tel.: 01/916 81 61
www.weinbau-herrmann.com

Am Stadtrand mit Blick in die eigenen Weingärten gelegen, befindet sich die Buschenschank der Familie Herrmann, die seit 1982 von Hermine Herrmann mit viel Engagement geführt wird. Besonders gut schmecken hausgemachter Schopf- und Kümmelbraten, Aufstriche, Salate, aber auch vegane Linsenlaibchen oder die verschiedenen Kuchen natürlich im üppig begrünten Gastgarten mit seinen lauschigen Lauben. Bei Schlechtwetter ist es in der verglasten Veranda aber auch nicht übel, und der offene Kamin in der Gaststube verbreitet heimeliges Ambiente, wie auch der Rote von der Urrebe.

HEURIGER SISSI HUBER

Roterdstraße 5, 1160 Wien
Tel.: 01/485 81 80
www.sissi-huber.at

Sissi Huber, Tochter der legendären Fuhrgassl-Hubers, weiß einfach, wie Heuriger funktioniert. Ihr Ottakringer Refugium wurde daher über die letzten Jahre sorgsam erweitert, komfortabler und flexibler gemacht; hier lässt es sich feiern, chillen und dabei die Zeit vergessen. Die vielfach ausgezeichneten Weine aus besten Wiener Rieden helfen dabei ungemein, kalte wie warme Buffetklassiker sowie „Heurigen-Tapas" sorgen für die entsprechende Begleitung.

Bei Rudi Stippert gibt's Ottakringer Wein mit Wienblick.

WEINBAU LEITNER

Sprengersteig 33, 1160 Wien
Tel.: 01/480 01 39
www.weinbau-leitner.at

An den Südhängen des Wilhelminenbergs reifen die Trauben für die vollmundigen Leitner-Weine, die auch noch dazu mitten in Ottakring produziert und in einem „echten" Wiener Heurigen ausgeschenkt werden. Dieser befindet sich etwas unterhalb von Schloss Wilhelminenberg und bietet neben einem herrlichen Ausblick über Wien auch das perfekte Ambiente für geselliges Beisammensein bei einem Gläschen Wein und vielleicht der legendären Stelze – oder auch einfach nur einem Bratlfettbrot vom kalten Buffet. Sehr gemütlich und authentisch ist es hier auf jeden Fall.

BUSCHENSCHANK RUDI STIPPERT

Schrammelgasse 102, 1170 Wien
Tel.: 0664/590 22 61
www.stippert.at

Dass Wiener Weingärten zersiedelt und zu Schrebergärten parzelliert werden, ist vor allem in den peripheren Weinbaugebieten Wiens eher der Normalfall. Es gibt aber auch einige wenige Beispiele, wo diesem Schicksal Einhalt geboten wurde, etwa am Heuberg, wo Claudia und Rudi Stippert, Ottakringer Winzer in bereits vierter Generation, eine alte, lange Zeit verwilderte Anlage rekultivierten. Man setzte dort Merlot, Blauburger und Roesler, außerdem wurde ein Häuschen mit Buschenschank und Terrasse mit absolut malerischem Blick über Wien errichtet, in dem sieben Mal pro Jahr ausg'steckt ist. Die Weißweine – Riesling, Weißburgunder, Grüner Veltliner und Muskateller – stammen aus den Stippert-Anlagen am Wilhelminenberg und aus Grinzing.

FOTOS: PETER M. MAYR

Jedlersdorf

An den sanften Hängen des Bisambergs gedeihen die roten und weißen Trauben der Jedlersdorfer Winzer. Zum Wein gibt's dann ländliche Idylle und urige Heurigenatmosphäre – deren Erhalt in Kombination mit dem Zeitgeist man sich hier verschrieben hat.

Die Weinbauregion im Norden der Stadt bietet mit ihren warmen, sandig-lehmigen Böden nicht nur den Weißweinen gute Voraussetzungen, hier wachsen auch die Trauben für einige der besten Rotweine der Stadt. Qualitativ wie quantitativ kann sie ebenfalls beeindrucken: Mit 254 Hektar Rebfläche verfügt die Großlage Bisamberg über Wiens größte geschlossene Rebfläche, an die dreißig Einzellagen weiß das Rebflächenverzeichnis aufzulisten, das geologische Spektrum ist groß, die önologischen Möglichkeiten nahezu unbegrenzt. Das wissen die Jedlersdorfer Winzer auch zu nutzen. Jeder auf seine Art, jeder ganz speziell, der Tradition verpflichteter und zukunftsweisender Weinbau zugleich.

FOTOS VON REGINA HÜGLI

Peter **Bernreiter**

Der Burgunderspezialist und Musikliebhaber reüssiert in beiden Disziplinen erfolgreich. Zu hören und verkosten in seiner Buschenschank in Jedlersdorf.

Er gilt als der Burgunderspezialist der Wiener Winzer. Die edle Rebfamilie hat es ihm angetan: Ob Chardonnay, Weißburgunder, Grauburgunder oder Pinot noir – Peter Bernreiter ist in sie alle vernarrt. Etliche Auszeichnungen hat er dafür auch schon bekommen.

Der gesellige Winzer bezeichnet sich selbst als „Ur-Jedlersdorfer". Tatsächlich ist seine Familie seit fünf Generationen in dem kleinen Weinort verwurzelt; seit 1848 genau genommen. Zu Beginn betrieb sie Ackerbau und Viehzucht – erst viel später, kurz nach dem Ersten Weltkrieg, begann man mit dem Weinbau und einer Ausschank. Gleich neben dem Haus steht die Wallfahrtskirche „Klein-Maria-Taferl" – und man erzählt, dass sich nicht wenige fromme Pilger in der

Peter Bernreiter setzt auf Qualität: beim Wein und bei den Heurigen-Speisen.

Ausschank von den Strapazen des langen Marsches erholten, statt im Gotteshaus zu beten. Peter Bernreiter blickt also auf eine Tradition zurück, die er auch als Motor für Innovationen betrachtet: Mit seiner Übernahme Mitte der 1990er Jahre krempelte er den Betrieb um und setzte von nun an auf Qualität. Die Zeit sei reif dafür gewesen, glaubt er, und die Wiener Weintrinker offensichtlich auch. Über mangelnde Anerkennung kann er sich jedenfalls nicht beklagen.

Seine Weinberge befinden sich an den Südhängen des Bisambergs. Die sandigen Lössböden sind nicht nur für seine geliebten Burgunder, sondern auch für den Gemischten Satz bestens geeignet, mit dem er in den letzten Jahren ebenfalls reüssierte. Als waschechter Jedlersdorfer ist ihm der alte Weinbauort ein Anliegen, und so gründete er gemeinsam mit vier anderen hiesigen Winzern den kleinsten Wiener Weinbauverein, den sie „J5" nannten.

Aber Peter Bernreiter hat noch eine Leidenschaft: die Musik. In seiner Produktionshalle findet alljährlich das sogenannte „Wiener Heurigen Opern-Musikfestival" statt, das er gemeinsam mit Constantin Walderdorff, der Pianistin Kristin Okerlund und dem Tenor Herbert Druml organisiert. Das Programm reicht von Liederabenden bis zu kompletten Opernproduktionen mit internationalen Künstlern. —

WEINGUT & BUSCHENSCHANK BERNREITER
Amtsstraße 24–26, 1210 Wien-Jedlersdorf, Tel.: 01/292 36 80
Aussteckttermine unter www.bernreiter.at

Rainer **Christ**

Naturnaher Weinbau begann bei Rainer Christ bereits vor zwanzig Jahren bei Vollmond – vielfach prämierte Bioweine vom Petershof waren die logische Folge und bestimmt nicht der letzte Schritt.

Allein sein Weingut erregt schon Aufmerksamkeit. Mitten in Jedlersdorf, einem kleinen, altvaterischen Weinort im Wiener 21. Bezirk, steht dieses Juwel moderner Architektur. Rainer Christ hat es 2005 bauen lassen. Er wollte den Keller auf den neuesten Stand der Technik bringen, um Weine zu keltern, wie er sie sich vorstellte. Präzise, blitzsauber und vielschichtig – vor allem aber sollten sie die einzelnen Lagen und deren spezifische Charakteristik zeigen. Kernpunkt des topmodernen Kellers ist ein ausgeklügeltes Gravitationssystem, das jegliches Umpumpen der werdenden Weine erübrigt. Wer glaubt, dass unter diesen Bedingungen lediglich Hightech-Weine entstehen, der irrt.

Christ ist kein Freund von Korrekturen im Keller. Jegliches Aufbessern oder Schönen ist für ihn tabu. Manipulieren müsse man ja nur, wenn im Weingarten nicht gut gearbeitet wurde, ist er überzeugt. Und das sei bei ihm nicht der Fall. Freilich habe er diese Sicherheit erst im Laufe der Jahre entwickelt: „Wenn man frisch von der Weinbauschule kommt, ist man halt vollgepumpt mit önologischem Wissen, das man unbedingt anwenden will", erinnert er sich an seine Anfangszeiten. Später habe er immer mehr davon weggelassen und verstanden, dass Weinmachen vor allem ein Handwerk sei, bei dem man von der Natur abhängig ist. Begonnen habe diese Entwicklung schon vor knapp zwanzig Jahren mit dem Projekt „Vollmondwein". Dabei wurde ein Weingarten nicht nur bei Vollmond gelesen – auch alle anderen Vinifikationsschritte wurden nach Mondphasen ausgerichtet. Für Christ ist dies letztlich altes bäuerliches Wissen, das halt verloren gegangen sei.

Rainer Christ, der Wein-Handwerker, in seinem ökologischen Juwel – der Toplage Wiesthalen

Schließlich konnte er 2014 den Petershof übernehmen, eines der ältesten biozertifizierten Weingüter hierzulande; die Weine erscheinen unter dem Label „Petershof by Christ". Die Rebstöcke der Toplage Wiesthalen wurden vor dreißig Jahren gepflanzt und von Beginn an biologisch bewirtschaftet. Sie ist sozusagen ein ökologisches Juwel. Hoch über Wien thronend, ist der Weingarten umgeben von Blumenwiesen, Wäldern und einer eigenen Quelle. Von dort gibt es unter anderem den „Gemischten Satz Wiesthalen", einen der spannendsten Vertreter seiner Kategorie – schon der erste Jahrgang räumte etliche Auszeichnungen ab.

Für Christ bedeutet der biologische Weinbau am Petershof einen weiteren Schritt in Richtung naturnahe Bewirtschaftung. Und es wird nicht der letzte sein. —

WEINGUT UND HEURIGER CHRIST
Amtsstraße 10–14, 1210 Wien, Tel.: 01/292 51 52
Heuriger: alle ungeraden Monate täglich ab 15 Uhr, www.weingut-christ.at

Karl **Lentner**

Auf der Überholspur hat der Spätzünder seine Weine an die Spitze der Wiener Topliga katapultiert – dennoch ist er ein Geheimtipp, den es zu entdecken gilt.

Eigentlich ist Karl Lentner ein Geheimtipp, auch wenn er schon seit mehr als zwanzig Jahren sein Weingut betreibt. In gewisser Weise war der Winzer ein Spätzünder, wenn es um Qualitätswein geht – aber das hat er inzwischen alles nachgeholt. Seit einiger Zeit nämlich räumt Karl Lentner so ziemlich alle Preise ab, die es in Wien zu gewinnen gibt.

Begonnen hat alles 1995, als er das Weingut des Vaters übernahm. Damals gab es nur Schankwein, den man im eigenen Heurigen anbot. Ein Jahr später füllte Karl Lentner seinen ersten Wein in die Bouteille ab. „Es war ein Chardonnay", erinnert er sich, „ die Rebsorte war damals halt in Mode." Von da an habe er sich erst richtig für Qualität interessiert. Er begann, gute Weine aus dem In- und Ausland zu verkosten und versuchte zu ergründen, wie er das auch schaffen könnte. Nach und nach kamen neue Rebsorten dazu – zuerst Weißburgunder, Riesling, Zweigelt und einige Jahre später Grüner Veltliner. Für seinen ersten Veltliner, den er „Total" nannte, hat er gleich eine Auszeichnung bekommen. Es sollte ein Grüner Veltliner sein, der „total" typisch für die Rebsorte ist.

Gut Ding braucht Weile – bei Karl Lentner hat sich die Zeit, die er für seine Weine gebraucht hat, „total" gelohnt.

Das ist ihm offensichtlich gelungen, und so trägt er immer noch diesen Namen.

Auch seine Liebe für den Gemischten Satz entdeckte er erst spät, genau genommen 2010. Jetzt ist der Wiener Gemischte Satz nicht mehr aus seinem Repertoire wegzudenken. Eine Spezialität des Hauses ist ein weißgepresster Merlot, der nur aus dem Seihmost gemacht wird und je nach Jahrgang eine zart orange Färbung aufweist. Im Weingarten arbeite er traditionell, so, „wie es immer gemacht wurde". Wie es sich für einen richtigen Wiener Winzer gehört, betreibt er auch einen Heurigen. Viele gebe es nicht mehr in Jedlersdorf, klagt er, früher waren es vierzehn Heurige, heute seien sie nur mehr zu fünft. Aber er gibt sein Bestes: Karl sorgt für die Weine und die Geselligkeit (es gibt regelmäßig Musik und Kulturabende) und seine Frau für das leibliche Wohl. So wie es immer gemacht wurde. —

WEINGUT UND HEURIGER KARL LENTNER Amtsstraße 44, 1210 Wien, Heuriger: in geraden Monaten Mo.–Sa. 14.30–23, So., Fei. 9–23 Uhr, Tel.: 01/292 51 23, www.karl-lentner.at

Heurige in Jedlersdorf

Li.: Bei Winzer Kurt Fuchs gibt's Weine von den besten Wiener Lagen und klassische Schmankerln.

HEURIGER & PENSION WEINGUT FUCHS

Jedlersdorfer Platz 29, 1210 Wien
Tel.: 01/292 35 67
www.heuriger.co.at

Wenn die Familie Fuchs mit der Familie Steinklammer packelt, kommt dabei noch mehr Wein heraus: elf Weißweine und zwölf Rotweine aus dem südlichsten Weinbaugebiet Wiens (Mauer) und dem nördlichsten sowie zwei Heurige. In Jedlersdorf werden Weine aus den besten Lagen am Bisamberg ausgeschenkt: In den Sätzen, Im Hochfeld, In den Gabrissen, Im Herrnholz, In den unteren Falkenbergen und In den oberen jungen Bergen. Für Kurt Fuchs besteht die Herausforderung des Weinmachens nicht darin, jedes Jahr dasselbe Produkt zu produzieren, sondern sich jedes Jahr neu zu erfinden und mit neuen Ideen Weine von höchster Qualität zu erzeugen. In der gemütlichen Buschenschank gibt es zudem eine reiche Auswahl an hausgemachten würzigen und süßen Schmankerln, die zu einem traditionellen Heurigenbesuch einfach dazugehören.

Heuriger Richard Lentner: Im Sommer lockt der blühende Garten, im Winter Martinigansl & Co.

WEINGUT & HEURIGER RICHARD LENTNER

Jedlersdorfer Platz 10, 1210 Wien,
Tel.: 01/292 42 51, ÖZ laut Aussteckkalender, www.lentner.info

Die Reben dieses Ur-Wiener Familienbetriebs wachsen auf den lehmigen Jedlersdorfer Böden, die mehrfach prämierten Weine werden standesgemäß im „Original Wiener Heurigen“ ausgeschenkt – und das seit 1950. Ein Glaserl Wein kann man hier entweder im blühenden Gastgarten oder in den behaglichen Räumlichkeiten genießen. Auf die Kleinen wartet ein Kinderspielplatz, auf dem sie sich austoben können; und am reichhaltigen Buffet kommen alle auf ihre Kosten: Salatfreunde, Naschkatzen und Liebhaber deftiger oder saisonaler Kost, wie zum Beispiel des beliebten Martinigansls.

FOTOS: MICHAEL REIDINGER, ILLUSTRATION: MYRIAM HEINZEL

FOTO: REGINA HÜGLI

Stammersdorf

Der etwas verschlafene Weinort am Fuße des Bisambergs bezaubert mit seinen authentischen Buschenschanken und der verträumten Kellergasse ebenso wie mit seiner Vielfalt an Rebsorten, rot wie auch weiß.

Hier hat in den frühen 90er Jahren der Wiener Weinboom seinen Ausgang genommen: Winzer wie Fritz Wieninger ergriffen die Chance des Neuanfangs und definierten den Wiener Wein neu: modern, sortenrein, fruchtbetont und sogar ein bisschen international. Grinzing & Co. waren damals die „Alte Welt", auf der anderen Seite der Donau pulsierte die „Neue Welt". Sandige Lössböden und die süd- und südöstliche Ausrichtung der Hänge bieten sowohl für reife und fruchtig-aromatische Weiß- als auch für kräftige Rotweine optimale Bedingungen. Ebenfalls besonders: tiefe Kellergassen, wie man sie sonst nur aus dem Weinviertel kennt. Die Krottenhofgasse ist die schönste, die Stammersdorfer Kellergasse die belebteste, aber noch viele andere laden hier zum Flanieren und Verkosten ein.

Fritz **Wieninger**

Der Kampfgeist des Pioniers in Sachen Wiener Top-Wein sorgt dafür, dass ihm nicht langweilig wird. Denn: Grenzen zu überwinden ist eine Lebensaufgabe.

Am Anfang war Fritz Wieninger. Sein stets lächelndes, bubenhaftes Gesicht kann nicht darüber hinwegtäuschen, dass ein echter Pionier mit Kampfgeist in ihm steckt. Er war der erste Winzer aus Wien, der auch international für Aufmerksamkeit sorgte. In den späten 1980er Jahren, als viele noch belanglose Heurigenweine kelterten, setzte er mit einem Chardonnay und Pinot noir internationaler Stilistik völlig neue Maßstäbe. Erst zehn Jahre später, als er einige Filetstücke vom Nussberg angeboten bekam, entdeckte er seine Liebe zu den traditionellen Wiener Sorten, vor allem zum Gemischten Satz. Es wäre aber nicht Wieninger, hätte er nicht gemeinsam mit ein paar Winzerkollegen diese Wiener Spezialität revolutioniert: Allerfeinster Stoff musste es sein, zum Teil aus Einzellagen, von möglichst alten Rebstöcken. Der Wiener Gemischte Satz wurde auch international zum Verkaufsschlager.

„Grenzen sind da, um überwunden zu werden“, glaubt der Vollblutwinzer – und wenn es nur die Grenzen sind, welche die Donau zieht. Wieninger besitzt Weinberge auf beiden Seiten des Flusses, am Bisamberg und am Nussberg. Es fasziniert ihn, wie unterschiedlich sich die Weine dieser beiden Lagen präsentieren. Am Bisamberg ist es wesentlich wär-

mer und sonniger – beste Voraussetzung für fruchtige Chardonnays und Rotweine. Die mineralischen Böden und kühlen Winde am Nussberg wiederum eignen sich perfekt für elegante Weißweine.

Wieninger ist ein rastloser Mensch und ein Qualitätsnarr, der sich nicht gerne mit dem Status quo zufriedengibt: Irgendwann wollte er nicht mehr hinnehmen, dass trotz des hohen Einsatzes von Pflanzenschutz- und anderen Hilfsmitteln die Weine an ihre Grenzen stießen. Er stellte den nicht gerade kleinen Betrieb auf Biodynamie um. „Hätte mir vor zehn Jahren jemand gesagt, dass ich Kräutertees in meine Weingärten spritze, hätte ich ihn ausgelacht", gesteht er, „heute weiß ich, dass es funktioniert." Seine Weine seien dadurch vielschichtiger und spannender geworden. Seit einiger Zeit führt er auch den Biobetrieb von Stefan Hajszan weiter. Damit ihm nicht langweilig wird. —

WEINGUT WIENINGER Stammersdorfer Straße 31, 1210 Wien
Tel.: 01/290 10 12, www.wieninger.at

Der rastlose Fritz Wieninger kommt nur in der Natur zur Ruhe – In seinen Weingärten.

Fiona **Figlmüller**

Das Winzer-Modell des Négociant steht der Quereinsteigerin und Sommelière wie angegossen – an ihre Weine geht sie dementsprechend wie ein Modeschöpfer an seine Haute Couture heran.

Es sei schon lange ihr Traum gewesen, eigene Weine zu machen. Fiona Figlmüller hat eigentlich Psychotherapie studiert – ihre Begeisterung für Wein wurde aber immer größer, und so absolvierte sie auch noch eine Sommelier-Ausbildung. Seit ihrer Heirat mit Thomas Figlmüller betreut sie zudem die Weinagenden des Schnitzelimperiums – inzwischen immerhin sechs Lokale. Und vor einigen Jahren erfüllte sie sich dann den Traum vom eigenen Wein. Zur Vollzeitwinzerin fehle ihr die Zeit – daher habe sie sich für das in Frankreich gängige Modell des Négociant entschieden: Dabei kauft ein Händler Trauben oder fertigen Wein verschiedener Herkunft, verschneidet ihn und verkauft ihn dann unter eigenem Etikett.

In ihrem Fall kommen die Trauben von keinem Geringeren als Fritz Wieninger, mit dessen Hilfe sie die Weine nach ihren Vorstellungen ausbaut. Es ist ihr wichtig, jeden Schritt der Weinwerdung zu begleiten – von der Lese bis zum Abfüllen. „Es ist alles sehr spannend und herausfordernd", resümiert sie. Die Arbeit des Winzers vergleicht Figlmüller mit der eines Modeschöpfers – man habe ein Modell im Kopf, das man Schritt für Schritt verfolge.

2013 präsentierte sie dann ihren ersten Wein, einen Rosé aus verschiedenen Rebsorten mit dem klingenden Namen „Viennoise". Vorbild dafür waren Roséweine aus Südfrankreich, die leichtfüßig und anspruchsvoll zugleich seien. Einen „Hauch Provence-Feeling" sollten sie haben. Fiona Figlmüller setzte alles daran herauszufinden, wie die Franzosen das machen. Ein wichtiger Faktor sei dabei die schonende Direktpressung, bei der praktisch nur der beste Teil des Mostes verwendet werde.

Und weil das Projekt so gut gelungen ist, legte sie gleich nach: Die Weißweincuvée „Wiener Melange", wieder gemeinsam mit Wieninger, soll die „Wiener Lebensfreude" darstellen. Auch wenn sich die Lebensfreude der Wiener vielleicht nicht jedem auf Anhieb erschließen mag – der Wein bereitet jedenfalls unbeschwertes Vergnügen. Es ist eine Assemblage verschiedener Sorten und Lagen vom Bisamberg und Nussberg.

Nach ihrem jüngsten Projekt „Fumé Blanc", einem Sauvignon blanc im Sancerre-Stil von der slowenischen Seite des Ziereggs, den sie mit Unterstützung von Armin Tement kreierte, musste sie erst einmal eine Pause einlegen – ihr Sohn kam auf die Welt. Aber es seien schon neue Projekte geplant, auch wieder in Wien. Sie könne sich vorstellen, dass es Gewächse werden für geübte Trinker und in „Richtung Naturweine" – mehr wolle sie noch nicht verraten. —

FIONA FIGLMÜLLER WINES Vienna
Bezugsadressen unter www.fiona-figlmueller.at

FOTOS: MANUEL ZAUNER

Ein Hauch Provence im Glas – Fiona Figlmüller setzt bei ihren Weinen auf Direktpressung und Lebensfreude.

Hans Peter **Göbel**

Rotweine von alten Rebstöcken sind seine Passion, eine klare Handschrift sein Markenzeichen und entsprechend wird auch sein unorthodoxer Heuriger geführt.

Mit seiner Idee eines zeitgemäßen Wiener Heurigen hat Hans Peter Göbel vor etwa zwanzig Jahren für Aufsehen gesorgt. Dabei hat er die Wiener Institution nicht erneuert, sondern wieder zu ihren Wurzeln zurückgeführt. Als der studierte Architekt damals den kleinen Weinbaubetrieb übernahm, knüpfte er praktisch dort an, wo seine Großmutter Resi Sammer aufgehört hatte. Er wollte die Idee des Heurigen wiederbeleben, frei von Kitsch und Kantinenambiente – jedoch ohne ihn zu einem seelenlosen Designschuppen zu verfremden. Das Ergebnis ist ein schlichter, aber persönlicher Ort, wo es Gutes zu essen und zu trinken gibt. Bekocht und betreut wird der Heurige schon seit einigen Jahren von Helmut Krenek, der schon in der Küche von so legendären Wiener

FOTOS: REGINA HÜGLI

Perfektes „Pairing“: Winzer H. P. Göbel (li.), sein Heurigen-Mann Helmut Krenek und die optimale Weinbegleitung

Wirtshäusern wie dem Meixner oder dem Immervoll werkte. Und so gibt es beim Göbel neben klassischer Heurigenkost auch außergewöhnliche Köstlichkeiten, die aber nie an Bodenhaftung verlieren.

Der Wein kommt natürlich vom Hausherren und ist ebenso charakteristisch: Hans Peter Göbel gilt als einer der besten Rotweinmacher der Stadt.

Das Klima und die Böden am Bisamberg würden sich dafür besonders eignen, ist er überzeugt. Einen Namen hat er sich mit seinem Zweigelt von sechzig Jahre alten Rebstöcken gemacht – seit einiger Zeit vinifiziert er aber auch herausragende Pinot noirs von Einzellagen. Außerdem gibt es einen überaus spannenden Blauburger, der unfiltriert und ohne Schwefelzugabe abgefüllt wurde. Alle seine Gewächse zeigen klar ihre Herkunft und noch klarer die Handschrift des Winzers. Was er an Rotweinen mag, ist der Faktor Zeit. „Sie sind entschleunigt“, dürfen sich bei ihrer Entstehung und Reifung Zeit lassen. Bei Gebratenem vom Strohschwein und einem Glas Pinot noir im Garten des Heurigen scheint tatsächlich die Zeit für einen Moment stillzustehen. —

WEINBAU H. P. GÖBEL
Stammersdorfer Kellergasse 131, 1210 Wien
Tel.: 01/290 36 92, www.weinbau-goebel.at

HEURIGER Tel.: 01/294 84 20
Fr., Sa., Mo. ab 16, So., Fei. ab 12 Uhr
www.helmut-krenek.at

Heuriger **Wieninger**

Ob in Stammersdorf oder im Weingarten – Leo Wieninger weiß, wie Heuriger geht! Von Jause bis à la carte spielt die Küche, dazu gibt es Top-Weine von Bruder Fritz.

Es ist der Prototyp des Wiener Edelheurigen: ein großzügig angelegtes Lokal mit herrlichem Garten, klassisch stilvoll eingerichtet, auf höchstem kulinarischen und önologischen Niveau. Seit 1949 das erste Mal bei den Wieningers ausgesteckt wurde, zieht sich der Wille zu kompromissloser Qualität durch. Seit dem Jahr 2000 führen Leo Wieninger und seine Frau Claudia den Betrieb im Alleingang. Mit neuen Ideen und viel Power gelingt es den beiden, eine Wiener Top-Location zu bleiben.

Leo und Claudia Wieninger führen das Stammhaus mit ebenso viel Power wie das Sommer-Pop-up am Nussberg.

Kulinarisch setzen sie auf die Kombination aus klassischer Heurigenjause und gehobener Küche – ein Mix, der oft danebengeht, bei Leo Wieninger und seinem Küchenteam aber bestens gelingt. Vom einfachen Liptauer bis hin zum Rehrücken schmeckt einfach alles. Beim À-la-carte-Menü wagt die Küche dann auch den einen oder anderen Abstecher in exotische Gefilde: Im rustikalen Heurigenambiente isst man dann Thunfischcarpaccio auf Avocado-Mangosalat. Ungewöhnlich, aber überzeugend. Und das Ganze wird kombiniert mit herausragenden Weinen von Bruder Fritz Wieninger.

Uriger geht es beim „Wieninger am Nussberg“ zu: eine kleine Hütte, ein paar Heurigenbänke, legeres Ambiente und ein atemberaubender Blick über Wien. Aber was Sigi Machachek da hinter der Budel zaubert, ist so schlicht wie genial: Aus allerbesten Produkten von ausgesuchten Produzenten aus ganz Österreich bereitet er Heurigengerichte vom Feinsten. Schinken und Mangalitza-Presswurst kommen vom Kultfleischer Thum, die Würste aus Osttirol und der Käse von kleinen Produzenten aus dem Salzkammergut. Der Wurstsalat und die Blunzen sind inzwischen Kult.

Hinter der Schank steht Mama Wieninger, die als erfahrene Gastgeberin (sie führte über Jahrzehnte den Stammersdorfer Heurigen) mit liebenswürdigem Wiener Schmäh Bestellungen aufnimmt, Weinempfehlungen gibt und überhaupt den Blick über alles bewahrt. Mit viel Glück kommt auch Fritz Wieninger senior mit einem besonderen Flascherl auf ein Plauscherl zum Tisch – wenn er nicht gerade im Weingarten steht. —

HEURIGER WIENINGER Stammersdorfer Straße 78, 1210 Wien
Tel.: 01/292 41 06, Öffnungszeiten unter: www.heuriger-wieninger.at

WIENINGER AM NUSSBERG Eichelhofweg 125, 1190 Wien
Tel.: 0664/854 70 22 und 01/320 06 43, bei Schönwetter von 15. April bis 30. Oktober Fr., Sa. 14–22, So., Fei. 11–22 Uhr
www.wieninger-am-nussberg.at

* Nach Redaktionsschluss gab es einen Brand in der Buschenschank am Nussberg, wir hoffen, dass der Betrieb nächstes Jahr wieder aufgenommen wird.

FOTO: MANUEL ZAUNER

Heurige in Stammersdorf

Von Jause bis À-la-carte-Speisen gelingt bei den Stammersdorfer Heurigen alles hervorragend.

WEINGUT FRITSCH-WANDERER

Stammersdorfer Straße 76, 1210 Wien
Tel.: 01/292 41 91, 0676/41 00 91
www.fritsch-wanderer.at

Nicht nur, dass die Familie Fritsch-Wanderer als Erfinder des „Knierlings", einer gekochten Surstelze, gilt, auch das Weingut mit einer Anbaufläche von 15 ha zählt zu den größten Wiens. Die dazugehörige echte Buschenschank wird übrigens bereits seit 1953 betrieben, den Grundstein legte Johann Fritsch, der – no na – als Weinbaupionier der Gegend galt. So weit, so gut. Am besten, man überzeugt sich im rustikalen Ambiente selbst von der Qualität der Weine und stärkt sich dazu vom Buffet, das von Rustikal bis hin zu Gourmet-Schmankerln einiges zu bieten hat.

WEINGUT & HEURIGER HELM

Stammersdorfer Straße 121,
1210 Wien, Tel.: 01/292 12 44
www.weingut-helm.at

Das Weingut von Sabine und Robert Helm liegt am Fuße des Bisambergs, sie zählen zu den Gründungsmitgliedern des Vereins VIENNA CLASSIC. Bei den eigenen Weinen wie Wiener Gemischter Satz, Grüner Veltliner, Riesling, Sauvignon blanc, Zweigelt, Blauburger, Cabernet Sauvignon oder Merlot wird auf Fruchtigkeit und Reintönigkeit größter Wert gelegt. Vor allem wird den Weinen Zeit zur Entwicklung und Reife gegeben. Zeit sollten sich auch die Heurigenbesucher nehmen, um die Weine in gemütlicher Atmosphäre auch glasweise zu verkosten, bei original Wiener Heurigenspezialitäten.

Robert und Sabine (li.) Helm in ihrem Heurigen

FOTOS V. O. N. U.: MANUEL ZAUNER, ROBERT HELM

BUSCHENSCHANK PRESSHAUS

Clessgasse 63, 1210 Wien
Tel.: 0699/12 85 05 22
www.presshaus.wordpress.com

Ab-Hof-Verkauf: Biohof Steindl
Stammersdorfer Straße 67, 1210 Wien
www.ambrossteindl.wordpress.com

Eigentlich betreibt die Familie Steindl in Stammersdorf einen Biobauernhof, der vor Jahren um eine neue Kelleranlage erweitert wurde, wo die biologischen Eigenbauweine nun lagern und reifen. Ausgeschenkt werden die ausdrucksstarken, naturnahen Tropfen in der reizenden Buschenschank Presshaus hinter der Stammersdorfer Kirche, an der Stelle des alten Presshauses und Weinkellers. Dazu gibt es feine klassische sowie zeitgemäße Schmankerln vom Buffet – viele Produkte stammen aus der eigenen Landwirtschaft.

WEINGUT GERHARD KLAGER

Stammersdorfer Straße 14, 1210 Wien
Tel.: 01/292 41 07
www.weingutklager.at

Bereits in dritter Generation – die vierte ist auch schon kräftig mit am Werk – werden Weinbau und Heuriger von der Familie Klager betrieben. In der gemütlichen Buschenschank finden Genießer und Weinliebhaber eine große Auswahl an erstklassigen Qualitätsweinen aus besten Bisamberger Rieden, aber auch Traubensäfte. Auf die jüngsten Gäste wartet weiters das Abenteuer Spielplatz samt Fußballplatz.

Li.: der Heurige der Familie Gerhard Klager; re.: Familie Reinbacher

WINZERHOF LEOPOLD KLAGER

Stammersdorfer Straße 18, 1210 Wien
Tel.: 01/292 13 56
www.winzerhof-leopold.at

Leopold Klager setzt bei seinen Weinen auf Eigenständigkeit und ist bestrebt, die Individualität von Riede und Sorte bei jedem Jahrgang hervorzuheben. Seine Frau kümmert sich um das leibliche Wohl der Gäste, mit immer neuen Schmankerln, die am Heurigenbuffet für die richtige Begleitung zum Wiener Wein sorgen – das Gemüse kommt großteils aus Eigenbau. Für Kids gibt es ein eigenes Spielzimmer und einen Spielplatz.

WEINGUT LANGES

Josef-Dabsch-Straße 2, 1210 Wien
Tel.: 0664/413 68 69
www.weingut-langes.at

Gleich neben dem hübschen (ehemaligen Wasser-) Schloss Bisamberg hat sich die Südtiroler Quereinsteigerin Irene Langes mit ihrem Weingut niedergelassen. Ihre Leitsorte ist der Grüne Veltliner, aber auch mit Riesling und Co spielt die energiegeladene Neowinzerin ganz oben in der Wiener Weinliga mit. Leider viel zu selten wird auch ausgesteckt, mit herrlichen Schmankerln und etwas südländischem Flair.

BUSCHENSCHANK MATUSKA

Stammersdorfer Kellergasse 76,
1210 Wien, Tel.: 0664/396 37 65
www.buschenschank-matuska.at

Seit über einem Vierteljahrhundert schenkt die Familie Matuska am Fuße des Bisambergs in ihrer kleinen, gemütlichen Buschenschank – nunmehr biologischen – Eigenbauwein aus. Auch viele der Zutaten der klassischen Speisen vom Buffet sind aus biologischem Anbau. Das meiste wird natürlich selbst gemacht – besonders beliebt sind der Montagsteller (jeweils ein klassisches saisonales Wiener Gericht) sowie das Martinigansl.

NICHTRAUCHERHEURIGER DEUTINGER

Krottenhofgasse, Keller 30, 1210 Wien
Tel.: 01/513 58 61, ÖZ bitte telefonisch oder per Mail erfragen
nichtraucherheuriger@hotmail.com

Ein kleiner Familienbetrieb mit kaltem und warmem Heurigenbuffet, aber auch Wiener und saisonaler Küche; ausgeschenkt werden ausschließlich Eigenbauweine. Man sitzt direkt im Weingarten unter einer Laube, auf der Sonnenterrasse mit Blick über den Bisamberg, im Wintergarten oder in der kleinen Stube. Für Kinder gibt es einen Spielplatz.

Die biologischen Matuska-Weine genießt man am besten beim Heurigen mit Blick auf den Bisamberg.

WEINBAU REINBACHER

Herrenholzgasse 38, 1210 Wien
Tel.: 01/292 75 09, ÖZ bitte telefonisch erfragen

Ein traditioneller Familienbetrieb seit 1955, 2000 kam ein Neubau dazu. Großen Wert legt man hier auf die Güte der Weine – das beginnt im Weingarten, wird durch eine sorgfältige Handlese weitergeführt und im Keller durch schonende Traubenverarbeitung vollendet. Die Buschenschank wird nach alter Wiener Heurigentradition geführt, mit einem kleinen kalten Buffet.

WEINHOF & BUSCHENSCHANK FRANZ SAMMER

Stammersdorfer Straße 87, 1210 Wien
Tel.: 01/292 85 92
www.weinhof-sammer.at

Ausg'steckt wird hier seit den 30er Jahren, und Franz Sammer macht schon seit seinem 14. Lebensjahr Wein. Seine

Eigenbauweine, die über die Schank gereicht werden, wachsen ausschließlich in Stammersdorfer Rieden – und dort nur an Südhängen. Die Palette reicht vom leichten, fruchtigen Grünen Veltliner über Riesling und Weißburgunder bis hin zu den kräftigen Rotweinen Zweigelt und Blauburger. Dazu: kaltes und warmes Buffet. Plus: ein Kinderspielplatz.

WEINBAU & BUSCHENSCHANK ANDERST-KÖNIG

Stammersdorfer Kellergasse 96,
1210 Wien, Tel.: 0699/18 58 83 60

Ein kleiner Familienbetrieb, der Tradition und Moderne in Wein und Buschenschank einfließen lässt. Großes Augenmerk wird hierbei auf Burgundersorten und den Wiener Gemischten Satz gelegt. Ein Teil der Weine wird nach alten Methoden, wie z.B. Sur Lie bei Weißweinen und eine offene spontane Maischegärung bei Rotweinen, verarbeitet. In der Buschenschank werden dazu frische hausgemachte Spezialitäten offeriert.

WEINHANDWERK MARTIN STROBL

Senderstraße 27, 1210 Wien
Tel.: 0680/401 41 51, 0664/383 57 25
www.weinhandwerk.at

Bei Martin Strobl und Věra Vyškovsky sitzt man inmitten der Weingärten und Wildkräuter in einem entzückenden kleinen Holzhäuschen oder dem traumhaften Naturgarten. Der Südtiroler Fotograf und Winzer baut seine biologischen Weine fast burgundisch aus, seine Lebensgefährtin sammelt die Kräuter von rundherum und verarbeitet sie zu feinen Köstlichkeiten, die auf Wunsch am Buffet erhältlich sind – neben original Südtiroler Spezialitäten.

Quereinsteiger Martin Strobls reizende kleine Buschenschank am Bisamberg

FOTOS V. L. U. I. U.: MATUSKA, INGO PERTRAMER (3)

Weitere Betriebe in Stammersdorf:

WEINGUT ANTONIUSKELLER
Bründelgasse 5, 1210 Wien
Tel.: 01/290 11 94

BUSCHENSCHANK EISENHELD
Stammersdorfer Straße 81–83,
1210 Wien, Tel.: 01/292 13 18

WEINGUT HAUS SCHMIDT
Stammersdorfer Straße 105,
1210 Wien, Tel.: 01/292 66 88

WEINBAU NÖSSING
Stammersdorfer Kellergasse 93,
1210 Wien, Tel.: 01/524 84 34,
0699/11 65 97 23
www.manuelnoessing.com

WEINBAU PETERSHOF
Senderstraße 100, 1210 Wien
Tel.: 01/292 55 02
bioweinbau.petershof@aon.at

WEINGUT RUPERT PLOINER
Brünnerstraße 91, 1210 Wien
Tel.: 01/292 42 92

WEINHOF REICHL
Stammersdorfer Straße 41,
1210 Wien, Tel.: 01/292 42 33
weinhof.reichl@gmx.at

WEINBAU & BUSCHENSCHANK ROHRINGER
Freiheitsplatz 13, 1210 Wien
Tel.: 01/292 91 59

HEURIGER SCHRECKENSCHLAGER
Stammersdorfer Kellergasse 75,
1210 Wien, Tel.: 01/290 34 31
alfred.schreckenschlager@gmx.at

WEINBAU SPINDLER
Frauenstiftgasse 4, 1210 Wien
Tel.: 01/292 65 43 21

STAMM 7
Stammersdorfer Straße 46, 1210 Wien

WEINBAU & BUSCHENSCHANK URBAN WILHELM
Stammersdorfer Straße 123,
1210 Wien, Tel.: 01/292 61 54

WEINBAU VRBICKY – DORNRÖSCHENKELLER
Stammersdorfer Kellergasse 24,
1210 Wien, Tel.: 01/294 86 60
heuriger@dornroeschenkeller.at

WEINBAU WEIXELBERGER
Hochfeldstraße 2a, 1210 Wien
Tel.: 01/504 10 20

WIENER WEINLAUBE
Stammersdorfer Kellergasse 130,
1210 Wien, Tel.: 0699/17 18 00 01
weinlaube@chello.at

Strebersdorf

Ein charmanter, traditioneller Heurigen- und Weinort mit romantischen Kellergassen und gemütlichen, ursprünglichen Heurigen in unmittelbarer Nähe zu den Weingärten, in denen Merlot- und Burgundersorten besonders gut gedeihen.

Neben Stammersdorf und Jedlersdorf der dritte, wenngleich ruhigere Weinbauort am Fuße des Bisambergs, dessen Winzer die dortigen Toplagen ebenfalls nutzen, um entsprechende Weine zu keltern. Der ursprüngliche Charme des traditionellen Heurigen- und Weinorts hat sich bis heute bewahrt. Nicht immer ganz so traditionell werden hier allerdings die Weine ausgebaut, dafür aber stets sehr individuell und mit viel Herz – und das nicht nur bei den vielen Quereinsteigern, die am Bisamberg Fuß gefasst haben, sondern auch bei den zahlreichen eingesessenen Betrieben, die bereits vor geraumer Zeit auf Qualität und lokale Besonderheiten umgesattelt haben.

FOTOS VON MANUEL ZAUNER

Norbert **Walter**

Ein Wiener Winzer mit Tiroler Wurzeln, der wunderbare Bio-Terroir-Weine produziert, eine Buschenschank mitten in den Weinbergen betreibt und doch immer ein Exot bleiben wird.

Auch wenn Norbert Walter schon mehr als ein Vierteljahrhundert in Wien lebt, Wiener Wein macht und einen urtypischen Heurigen am Bisamberg betreibt, wirkt er hier immer noch wie ein Exot. Vielleicht ist es sein markanter Tiroler Dialekt oder seine dezente Art, die den Wahlwiener ein wenig anders als die hiesigen Winzer und Heurigenwirte erscheinen lässt.

Aufgewachsen ist er auf einem Bauernhof in Galtür, nach der Schule studierte er dann Landwirtschaft an der Universität für Bodenkultur in Wien. Die Sommerferien verbrachte er immer wieder auf Almen in Tirol und der Schweiz, wo er auch selber Käse produzierte. Trotzdem blieb er in Wien und entdeckte seine Leidenschaft für gute Weine. Aber seine bäuerlichen Wurzeln wollten sich nicht damit zufriedengeben, einfach nur Wein zu genießen – er wollte selber welchen produzieren. 2004 konnte er dann einige Lagen am Nussberg, in Sievering und Oberlaa pachten – vinifiziert werden seine Weine damals wie heute in Zusammenarbeit mit Fritz Wieninger. Inzwischen ist sein Betrieb biozertifiziert – für ihn eine Grundvoraussetzung, um wirklich charaktervolle Weine zu schaffen. All seine Gewächse verweisen sehr deutlich auf ihre Herkunft – am markantesten vielleicht ein hervorragender Gemischter Satz der Lage Hackenberg von besonders alten Rebstöcken.

Einige Jahre später hat er dann auch per Zufall den kleinen Heurigen am Bisamberg gefunden. Äußerst idyllisch mitten in den Weingärten gelegen, bekommt man hier neben typischen Wiener Heurigengerichten auch herrlichen Tiroler Grau- und Almkäse, Galtürer Speck und Wildwürste. Norbert Walter wird wohl weiter ein Exot in Wien bleiben – einer, den man hier nicht mehr missen möchte! —

WEINGUT WALTER WIEN Untere Jungenberggasse 7, 1210 Wien
Tel.: 0664/190 34 69, aktuelle Buschenschanktermine und Öffnungszeiten unter www.weingut-walter-wien.at

Ein bisschen wie auf der Alm: In Norbert Walters idyllischer Buschenschank am Bisamberg gibt's Tiroler Käse zu Wiener Wein.

Heuriger Schilling: Weintrinken und Essen im schattigen Garten, mit Blick auf die umliegenden Rebstöcke

Heurige in Strebersdorf

WEINBAU JOSEF RIEGLER

Strebersdorfer Straße 172, 1210 Wien
Tel.: 02622/825 55
www.josefriegler.whiteshop.at

Gebietstypische Weine, die ausschließlich mit staatlicher Qualitätsprüfung abgefüllt und zum Großteil ab Hof oder in der lokalen Gastronomie vermarktet werden. Vor Ort gibt es regelmäßig Veranstaltungen wie die Jungwienerpräsentation inklusive Maronibraten, die Jahrgangspräsentation sowie die Sommerschlussverkostung.

BUSCHENSCHANK MANDLBURGER

Mayerweckstraße 33, 1210 Wien
Tel.: 01/292 35 84
ÖZ laut Aussteckkalender

Traditioneller Heuriger, bei dem alte Bräuche, wie z. B. das „Buschenverbrennen" am Ende der Saison, gepflegt werden. Ausgeschenkt werden ausschließlich hauseigene Weine. Dazu gibt's ein reichhaltiges Buffet.

SCHILLING WEINGUT HEURIGER

Langenzersdorfer Straße 54,
1210 Wien, Tel.: 01/292 41 89
ÖZ laut Aussteckkalender
www.weingut-schilling.at

Hervorragende Weine vom Wiener Qualitätswein-Pionier Herbert Schilling und klassisches Buffet mit kalten und warmen Speisen, ein großer, schattiger Naturgarten mit Blick auf den Bisamberg sowie ein moderner Wintergarten.

STOTZEK'S GASTHAUS

Krottenhofgasse 51, 1210 Wien
Tel.: 01/292 41 55, Mi.–So. 10–23 Uhr
www.stotzek.at

Uriges Alt-Wiener Gasthaus mit einer schönen Auswahl an klassischen Wiener Gerichten und hauseigenen Weinen. Schattiger Gastgarten mit herrlichem Ausblick ins Grüne.

WEIN-, OBSTGUT UND BUSCHENSCHANK FAMILIE STRAUCH

Langenzersdorfer Straße 50a,
1210 Wien, Tel.: 01/292 53 41
ÖZ laut Aussteckkalender
www.weinstrauch.at

Familienbetrieb in dritter Generation, dessen Weinbau und Buschenschank um ein Obstgut erweitert wurde. Wein von Rieden an den Süd-/Südosthängen der Wiener Seite des Bisambergs. Das reichhaltige Buschenschankbuffet umfasst herzhafte kalte und warme Speisen.

Weitere Betriebe in Strebersdorf:

BUSCHENSCHANK HUBERT ANDREAE
Rußbergstraße 88, 1210 Wien
Tel.: 01/290 14 76
ÖZ laut Aussteckkalender

WEINGUT ECKERT
Strebersdorfer Straße 158, 1210 Wien
Tel.: 01/292 25 96, 0664/326 09 67
ÖZ laut Aussteckkalender
www.eckert.co.at

FOTOS: MICHAEL REIDINGER, ILLUSTRATION: MYRIAM HEINZEL

Mauer

Im Süden Wiens ist man eher den Weinbaugepflogenheiten Niederösterreichs denn dem Schrammeln-&-Co-Flair à la Grinzing verpflichtet, was sich nicht nur in hervorragenden Rotweinen, sondern auch bei den Heurigen bemerkbar macht.

Bis 1938 waren Mauer und seine Weingärten Teil von Niederösterreich. Aber auch geologisch gibt es Parallelen zur Thermenregion: Der Maurer Berg entspricht mit seinen Muschelkalkverwitterungsböden den Toplagen südlich der Stadtgrenze, entsprechend anders präsentiert sich hier auch das Rebsortenspektrum – neben Riesling, Traminer und Gemischtem Satz prägen vor allem Weiß- und Grauburgunder das Bild, auch Rotwein ist ein echtes Thema. Die knapp 45 Hektar der Maurer Weinberge verteilen sich auf drei Lagen: Der Kadoltzberg, mit knapp 25 Hektar die wichtigste Riede, verfügt über schwere kalkhaltige Lehmböden, die gut für Burgunder, körperreichen Gemischten Satz und Rotweine von Gewicht geeignet sind. Der Kroissberg wird hauptsächlich für fruchtige, duftige Aromasorten verwendet. Der Maurer Berg mit seinen mit Dolomit-Konglomerat versetzten Böden gilt als eine der besonders mineralischen Lagen und wird entsprechend gerne mit Riesling, Sauvignon blanc und Gemischtem Satz bepflanzt.

FOTOS VON MANUEL ZAUNER

Michael
Edlmoser

Seine Weine sind „Cult", sein Heuriger ist „cool" – beides basierend auf Maurer Tradition, Herkunft und Können. Im Keller wie auch in der Küche.

Er hält nicht viel von Selbstinszenierung und zählt nicht zu den Weinmachern, die ständig von sich reden machen. Michael Edlmoser glaubt, dass das seine Weine viel besser können: Sie sollen erzählen von ihrer Herkunft, von den einzigartigen Lagen rund um den Maurer Berg und vielleicht auch ein wenig von ihm selbst. Möglichst pur. Der Charakter soll dabei nicht durch eine unnötige Vinifizierungstechnik verschandelt werden.

Seine Erfahrungen sammelte er bei so bedeutenden Persönlichkeiten wie Emmerich Knoll aus der Wachau oder bei Ridge Vineyards im Napa Valley. Zwei komplett unterschiedliche Auffassungen von Weinmachen – das habe ihn inspiriert, kopieren wollte er aber niemanden. Über die Jahre ist es ihm gelungen, eine ganz eigene Stilistik zu entwickeln, abseits von „vorgesetzten Moden", die ihm zuwider sind. Genau wie all das Marketing – „Kasperltheater", wie er es gerne nennt. Trotzdem weiß sich der selbstbewusste Winzer zu präsentieren, auch auf internationalem Parkett.

Von Engstirnigkeit hält er nichts – auch nicht bei seinen Weinen, und so ist sein Sortiment durchaus vielfältig. Es reicht von Easy-Drinking-Gewächsen unter dem Label „Cult" über klassische Wiener Weine – angeführt vom Gemischten Satz – bis hin zu Weinen aus internationalen Rebsorten mit modernem Zuschnitt mit so extravaganten Namen wie „Vertigo" oder „La Paz". Und weil er sie nicht gerne beschreibt, lässt er lieber Musik dazu spielen. Seine persönliche Playlist, von Falco bis Depeche Mode, soll seine Weine besser charakterisieren.

Michael Edlmoser lässt seine Weine lieber für sich selbst sprechen – oder stellvertretend seine Lieblingsmusik.

Sie alle sind geprägt von dem speziellen Mikroklima rund um Mauer: von der pannonischen Wärme gespickt mit kühlen Winden vom Wiener Wald. Ein ziemlich guter Mix, der für gediegene Frucht und temperamentvolle Säure in den Weinen sorgt.

Ganz traditionell präsentiert sich hingegen der Heurige: traumhafter Garten, ausgezeichnete Küche und Weine, die einfach schmecken sollen; dies alles ohne viel Firlefanz. Für Edlmoser ist der Heurige die „coolste Wiener Tradition überhaupt": ein Ort, an dem man sich trifft und sich unterhält, ein Ort, der lebt – und das alles in einer pulsierenden Stadt; freilich ein wenig am Rand – dort, wo es vielleicht noch ein wenig beschaulicher zugeht. —

WEINGUT + HEURIGER EDLMOSER Maurer Lange Gasse 123, 1230 Wien, Tel.: 01/889 86 80, alle Aussteckternine unter www.edlmoser.at

Weingut **Zahel**

Wiener Gemischter Satz, Orangentraube, Rekultivierung alter Maurer Lagen – was bitte kommt denn als Nächstes, Richard Zahel? Der Pionier in Sachen Wiener Wein macht einfach weiterhin das, was er will!

In der Weinszene gilt er als Original. Ein echter Wiener, der sich kein Blatt vor den Mund nimmt und die Dinge nur allzu offen ausspricht. Einer, der sich um Diplomatie erst gar nicht bemüht. Aber auch einer, der den Wiener Weinbau und dessen internationale Anerkennung wesentlich vorantrieb, oder wie er gerne sagt, „über St. Pölten hinaus" bekannt machte. Nach einer kurzen Karriere als Rennfahrer hat er schon in den späten 1980er Jahren den kleinen Betrieb seiner Eltern übernommen. Damals umfasste das Weingut lediglich einen halben Hektar – heute besitzt Zahel stolze 25 Hektar Rebfläche in Mauer, Oberlaa, Sievering, am Bisamberg und am Nussberg. Sein Keller ist auf dem neuesten Stand der Technik, und die Weine sind in den besten Restaurants gelistet. Eigentlich könnte er zufrieden sein, aber es zieht ihn immer weiter. Vor einigen Jahren ist der selbstbewusste Winzer aus der Gruppe „Wien Wein" ausgestiegen, die er mitbegründet hatte. Er wolle neue Wege gehen, ließ er damals verlauten. Und vor allem wolle er dem „Wiener Gemischten Satz" auch im Ausland den Stellenwert geben, den er seiner Meinung nach verdiene – nämlich ganz oben.

Tatsächlich hat sich Zahel schon früh um die Wiener Weinspezialität bemüht: Bereits bei Betriebsübernahme ließ er diese Bezeichnung auf seine Etiketten drucken. Damals haben ihn noch viele belächelt, galt die „Rebsorten-Mischkulanz" doch eher als Underdog, vor der Qualitätsweintrinker die Nase rümpften. Doch schon 1994 exportierte Zahel zum allgemeinen Erstaunen den ersten Gemischten Satz nach Deutschland.

Zahel vinifiziert inzwischen elf(!) verschiedene Varianten des Gemischten Satzes, darunter auch einen Sekt. Einer der Highlights darunter ist der „Five Points" aus zwanzig verschiedenen Rebsorten und fünf unterschiedlichen Wiener Lagen.

Aber auch mit der Wiederauspflanzung der äußerst seltenen Sorte Orangentraube erregte er Aufmerksamkeit in der Branche. Inzwischen gehört die weiße, burgunderähnliche Rebsorte fix in sein Programm, auch wenn sie laut EU nicht als Qualitätsweintraube zugelassen ist. Zahel ist das ziemlich egal, ihm schmeckt der Wein und seinen Kunden offensichtlich ebenso. Seit 2005 schupft er den Betrieb gemeinsam mit seinem Neffen Alexander, der den Wiener Wein ebenso leidenschaftlich vertritt. —

WEINGUT/HEURIGER ZAHEL Maurer Hauptplatz 9, 1230 Wien
Tel.: 01/889 13 18, Aussteckermine und Öffnungszeiten unter www.zahel.at

Richard Zahel führt den Betrieb gemeinsam mit seinem Neffen Alexander, der eine große Wiener-Wein-Leidenschaft hegt.

Heurige in Mauer

WEINGUT FUCHS-STEINKLAMMER

Jesuitensteig 28, 1230 Wien
Tel.: 01/888 22 29, ÖZ laut Aussteckkalender, www.heuriger.co.at

Ein Familienunternehmen seit vielen Generationen. Als einziges Weingut verarbeitet Fuchs-Steinklammer Trauben aus der südlichsten Region Wiens sowie zusätzlich aus nördlichen Lagen (Bisamberg). Die jeweils geologisch und klimatisch verschiedenen Voraussetzungen sowie naturnaher Weinbau bringen charakteristisch unverwechselbare Qualitätsweine hervor. Der Traditionsheurige in Wien-Mauer bietet dazu bodenständiges Essen, einen romantischen Gastgarten sowie echte „Wiener G'miatlichkeit". Ein Ort zum Entspannen und Wohlfühlen – dafür sorgt seit 2003 Wirtin und Diplom-Sommelière Helene Fuchs-Steinklammer.

WEINGUT HOFER

Maurer Lange Gasse 29, 1230 Wien
Tel.: 01/888 73 80, ÖZ laut Ausssteckkalender, www.vino-hofer.at

Eine traditionelle, gemütliche Buschenschank, deren Buffet eine vielfältige Schmankerl-Auswahl bietet. Das klassische Speisenangebot reicht von Salaten, Aufstrichen, Wurst und Käse bis hin zu warmen Speisen wie Kümmelbraten, Kraut und Knödeln und vielem mehr. Die Rot- und Weißweine werden im eigenen Weingut in Gumpoldskirchen erzeugt, wo die gesamte Verarbeitung bis hin zur Abfüllung (auch der Maurer Weine) stattfindet. In den drei Linien „Frisch und Fruchtig", „Charakterweine" und „Lagenweine" ist für jeden Geschmack der passende Wein dabei.

BUSCHENSCHANK GRAUSENBURGER

Maurer Lange Gasse 101a, 1230 Wien
Tel.: 01/888 13 54, ÖZ laut Aussteckkalender, www.grausenburger.com

Gemütlicher Heuriger mit rustikaler Einrichtung und lauschigem Gastgarten. Am reichhaltigen Buffet gibt es eine Auswahl kalter und warmer Speisen. Angefangen vom Schmalzbrot über Schweinsbraten bis hin zum Schnitzel und hausgemachten Mehlspeisen. Von Montag bis Freitag werden zudem herzhafte Mittagsmenüs angeboten. Auf der Weinkarte finden sich selbst produzierte Rot- und Weißweine sowie je nach Saison Bowle, Sturm und Glühwein.

Der gemütliche Gastgarten der urigen Buschenschank Grausenburger

WEINBAU M & M BERANEK

Martina & Michael Beranek
Ketzergasse 429, 1238 Wien
Tel.: 01/888 72 63, ÖZ laut Aussteckkalender, www.weinbau-beranek.at

Gemütlicher Heuriger mit familiärer Atmosphäre. Berühmt für seine Sulmtaler Backhenderln und das Surschnitzel. Das weitere

Li.: Bei Hofer gibt's Vielfalt am Buffet und bei den Weinen; re.: schlicht und gemütlich bei Weinbau Beranek

Speisenangebot reicht von den typisch deftigen Heurigenschmankerln bis hin zu leichteren Speisen wie Schafmischkäse aus Niederösterreich, Feta im Speckmantel auf Blattsalat oder dem Beranek-Salzstangerl – ein mediterran gefülltes Riesensalzstangerl. Dazu eine vielseitige Weinauswahl in Rot und Weiß aus Weingärten, die von Mauer bis nach Baden reichen.

Wiltschko: moderne Architektur im wildromantischen Garten

WEINBAU LENTZ

Maurer Lange Gasse 78, 1230 Wien
ÖZ laut Aussteckkalender
www.weinbau-lentz.at

Seit mehreren Generationen familienbetriebene Buschenschank. Stimmiger Heurigencharme mit der ganzen Bandbreite an kalter und warmer Heurigenküche und einer ordentlichen Weinauswahl aus eigenem Anbau. Die Esche im Gastgarten kann auf ein Alter von 130 Jahren zurückblicken und spendet quasi historischen Schatten an heißen Sommertagen.

WEINBAU MARTIN DISTL

Ketzergasse 457–459, 1230 Wien
Tel.: 01/889 98 98, ÖZ laut Aussteckkalender, www.weinbau-distl.at

Hier kommt zuerst der Wein, dann das Essen. Der ehemalige Milchkuhbetrieb legt seit 2002 sein Hauptaugenmerk auf den Weinbau. Das Ergebnis sind ausgezeichnete Qualitätsweine, die durch schonende Verarbeitung und Reife ihren vollen Charakter entfalten konnten. Das Buschenschankbuffet bietet bodenständige kalte und warme Speisen aus nachhaltigen und regionalen Produkten.

Traditionell bodenständig mit schönem Garten: der Heurige von Martin Distl

DER STADLMANN

Weinbau & Heuriger
Maurer Lange Gasse 30, 1230 Wien
Tel.: 01/889 28 48, ÖZ laut Aussteckkalender, www.derstadlmann.at

Behagliche Atmosphäre, in der sowohl Freunde des schnellen Stehachterls als auch Liebhaber einer ausgedehnten Heurigenrunde auf ihre Kosten kommen. Gebratenes Fleisch, Geselchtes, Blunzen, etliche Beilagen sowie Wurst- und Käsespezialitäten stehen am traditionellen Heurigenbuffet zur Auswahl. Die zahlreichen Qualitätsweine aus Eigenanbau sind in ihrer Vielschichtigkeit hervorragend alleine oder als ideale Speisenbegleiter zu genießen. In den Sommermonaten verbringt man seinen Heurigenbesuch am besten im glasüberdachten Hof oder im Naturgarten.

WEINBAU & HEURIGER WEINDORFER

Maurer Lange Gasse 37, 1230 Wien
Tel.: 01/888 71 61, ÖZ laut Aussteckkalender, www.weindorfer.at

Rustikales Ambiente mit schönem Arkadeninnenhof. Typisches Heurigenbuffet mit kalten und warmen Speisen. Die Weinkarte bietet Rot- und Weißweine sowie Sekt aus eigenem Anbau.

WEINBAU WILTSCHKO

Wittgensteinstraße 143, 1230 Wien
Tel.: 01/888 55 60, ÖZ laut Aussteckkalender, www.weinbau-wiltschko.at

Direkt beim Lainzer Tiergarten gelegen, erhascht man hier einen beeindruckenden Blick auf Wien. Die moderne Einrichtung sorgt für eine freundliche und angenehme Atmosphäre. Neben dem klassischen Heurigenbuffet stehen saisonale À-la-carte-Speisen zur Auswahl. Vielseitige Weinkarte mit einem ordentlichen Angebot eigens angebauter Weine.

FOTOS V. L. U. I. U.: JULIA STIX (4), MARTIN DISTL, M & M BERANEK

Oberlaa

Oberlaa ist die große Unbekannte unter den Wiener Weinbauregionen. Steile Berge sucht man vergebens, aber auch im Flachen wächst das Rebmaterial für so manchen Geheimtipp.

Auch wenn sich der Großteil der Rebflächen Wiens im Norden und Nordwesten der Stadt befinden: Auch in den südlichen Stadtteilen – Oberlaa etwa – wird feinster Wiener Wein gekeltert. Dabei haben sich die südlichen Weinregionen in den vergangenen Jahren verstärkt mit ausgezeichneten Rotweinen wie dem St. Laurent, dem Zweigelt oder dem Pinot noir profiliert. Die etwas schwereren Böden und der warme, pannonische Klimaeinfluss bringen reife Trauben für elegante, samtige Weine. Die kleinen, aber feinen Heurigenbetriebe ein wenig abseits von der Durchzugsstraße am Laaer Berg haben ihre Ursprünglichkeit bewahrt – wer also Gemütlichkeit sucht, ist hier genau richtig.

FOTOS VON MANUEL ZAUNER

Weingut Franz **Wieselthaler**

Franz Wieselthaler hat das elterliche Unternehmen vom reinen Landwirtschaftsbetrieb zum hoch prämierten Weingut mit angeschlossenem Heurigen gemacht. Das wissen sogar Touristen.

Hätten die Wieselthalers nicht ein übergroßes Betriebslogo an der Fassade ihres äußerlich eher unscheinbaren Hauses angebracht, man würde nicht vermuten, dass von hier aus die Geschicke des wohl bedeutendsten Weinguts in Oberlaa gelenkt werden. Unweit des Liesingbachs, wo man mit etwas Glück Reihern beim Fischen zusehen kann, befindet sich in dörflicher Umgebung der Sitz der Familie, die sich hier seit den 50er Jahren dem Weinbau widmet. Dass dieser einst lediglich als Nebenerwerb diente und die Wieselthalers ursprünglich eine gemischte Landwirtschaft betrieben, lässt das heutige Erscheinungsbild freilich nur mehr erahnen: Dort, wo sich anno dazumal die Pferdestallungen befanden, nehmen die Gäste heute in der urigen Heurigenstube Platz – bei warmen Temperaturen lädt indes der großzügige Innenhof dazu ein, sich unter der ausladenden Laube ein Gläschen Wein zu genehmigen. Wobei ein Besuch hier kaum nach einem Glas endet, denn die Sortenvielfalt ist angesichts der dargebotenen Qualität durchaus beeindruckend: Über ein Dutzend Eigenbauweine finden ihren Weg von den Rieden am Laaer Berg in die Bouteille, und von der roten Cuvée bis zum Chardonnay konnte in den vergangenen Jahren ein bemerkenswerter Anteil hiervon Top-Platzierungen bei nationalen und internationalen Weinbewertungen erzielen: so auch der Wiener Gemischte Satz DAC, der als klassisch ausgebauter und als Lagen-DAC auf den Markt kommt und beim Wiener Weinpreis zuletzt mit Gold und Silber reüssieren konnte.

„Der Erfolgsfaktor ist hier sicherlich, dass wir mehr auf Qualität setzen als auf Quantität“, so Franz Wieselthaler junior, der den Betrieb durch sein Qualitätsbestreben zu heutiger Größe geführt hat. Mit den klimabedingt eher kräftigen Weinen harmoniert das üppige Heurigenbuffet auf erfreuliche Weise – von Klassikern wie Kümmelbraten und Surschnitzel über Bauchfleisch bis hin zum Dauerbrenner Backhendl findet sich hier nebst diversen Salaten und Aufstrichen so ziemlich alles, was der hungrige Besucher begehrt. Dass sich die Bedeutung Oberlaas als Weinbauregion zunehmend herumspricht, haben in jüngerer Vergangenheit auch die Wieselthalers bemerkt: Sogar zwei Spanier hätten bereits den Weg vom weitaus bekannteren Stammersdorf in den Süden Wiens auf sich genommen, um sich von der Qualität ihres Heurigen zu überzeugen. Sie werden es vermutlich nicht bereut haben. HANNAH SCHEDENIG

WEINGUT FRANZ WIESELTHALER Oberlaaer Straße 71, 1100 Wien
Tel.: 01/688 47 16, alle Ausstecktermine: www.weingut-wieselthaler.at

Heurige in Oberlaa

BUSCHENSCHANK BRUCKNER SCHURLI

Liesingbachstraße 49, 1100 Wien
Tel.: 0676/336 84 26
ÖZ laut Aussteckkalender
www.brucknerschurli.at

Die Buschenschank zählt zu den ältesten in Oberlaa. Hausherr Georg „Schurli" Bruckner jun. hat eine Vorliebe für Boogie & Blues, immer wieder sorgt er für Liveauftritte von bekannten Musikern vor Ort. Neben der musikalischen Unterhaltung werden die Gäste mit ausgezeichneten Eigenbauweinen und herzhaften Heurigenschmankerln erfreut.

WEINBAU & BUSCHENSCHANK FAMILIE FRAUNEDER

Oberlaaer Straße 73, 1100 Wien
Tel.: 01/688 16 80
ÖZ laut Aussteckkalender
www.frauneder-oberlaa.at

Klassischer Heuriger mit rustikaler Stube, traditioneller Schank und großem – teils überdachtem – Garten. Es gibt ausschließlich Weine aus eigenem Anbau sowie warme und kalte Hausmannskost vom Buffet.

Oben: im Garten der Buschenschank Manhardt

BUSCHENSCHANK MANHARDT

Liesingbachstraße 51, 1100 Wien
Tel.: 01/688 69 67, Di.–Sa. 15–23, So., Fei. 11.30–21 Uhr
www.manhardt.co.at

Ganzjährig geöffneter Heuriger. Großzügig angelegte Räumlichkeiten mit traditioneller Heurigenatmosphäre sowie ein gemütlicher Gastgarten mit sonnigen und schattigen Sitzplätzen. Reichhaltige Auswahl am Buffet, aber auch à la carte; kalte und warme Speisen wie selbstgemachte Blunzen, Haussulz, Aufstriche, Grammelknödel und vieles mehr. Weine aus Eigenanbau.

WEINBAU PINTHER

Liesingbachstraße 25, 1100 Wien
Tel.: 0664/243 44 58
ÖZ laut Aussteckkalender
www.pinther.at

Traditionelle Buschenschank. Ordentliche Auswahl an Eigenbauweinen und klassischen Heurigenschmankerln – warm und kalt. Regelmäßige Veranstaltungen, wobei besonders das Weinblüte- und das Lesefest viele Gäste anlocken.

HEURIGER STEFAN WIESELTHALER

Oberlaaer Straße 120, 1100 Wien
Tel.: 01/688 51 38
ÖZ laut Aussteckkalender
www.der-heurige.at

Weinbau in 3. Generation. Die ausgezeichneten Sortenweine werden als Qualitäts- und Kabinettweine gekeltert, ausgebaut und im eigenen Heurigen ausgeschenkt. Seit einigen Jahren werden zudem Edelbrände und Liköre erzeugt. Kalte und warme Speisen vom Buffet. Jeden 1. Sonntag im Monat gibt's zudem einen Heurigenbrunch.

Li.: ausg'steckt in der Buschenschank Frauneder; re.: im lauschigen Gastgarten von Stefan Wieselthaler

FOTOS V. R. U. I. U.: MICHAEL REIDINGER, INGO PERTRAMER (2); ILLUSTRATION: MYRIAM HEINZEL

Noch mehr Wiener Wein

IM ZENTRUM

Stadtheurige ersparen so manchen Weg an die Peripherie und sorgen dennoch für unbeschwerte Weinseligkeit. In den wenigen noch erhaltenen Stadtkellern verharrt die Wiener Weintradition auf sympathisch nachhaltige Weise.

AUGUSTINERKELLER

Augustinerstraße 1, 1010 Wien
Tel.: 01/533 10 26, tägl. 11–24 Uhr
www.bitzinger.at

Die Bezeichnung Keller ist hier relativ, da sich darüber zwar ein großes hohes Haus erhebt, die Albertina, der 1922 eröffnete Augustinerkeller sich aber dennoch ebenerdig befindet. Im vorderen Bereich gibt es ein modern gestyltes Lokal. Weiter hinten blieb das dunkle Holz aber erhalten. Reisegruppen sind begeistert und der Wiener Sommelierverein ebenso.

GIGERL – DER STADTHEURIGE

Rauhensteingasse 3, 1010 Wien, Tel.: 01/513 44 31
So.–Do. 15–1, Fr., Sa. 15–2 Uhr
www.gigerl.at

Ein Stadtheuriger, dessen Namensgeber „Gigerl" nicht ohne Grund gewählt wurde. Die ausgehfreudige, modebewusste Ur-Wiener Figur aus dem letzten Jahrhundert soll die Eigenschaften des Lokals und der Besucher widerspiegeln. Beliebt bei Touristen und Reisegruppen, die das Wiener Flair hautnah erleben wollen.

SCHANK ZUM REICHSAPFEL

Karmeliterplatz 3, 1020 Wien
Tel.: 01/212 25 79
Di.–Sa. 16–24 Uhr, Mo., So., Fei. geschlossen
www.zumreichsapfel.at

Direkt beim Karmelitermarkt kann man ganzjährig Heurigenluft schnuppern. Mit dem Schanigarten im Sommer und dem Kachelofen im Winter ist der Heurige bestens gerüstet, was bei jungen und älteren Gästen gut ankommt.

WEINSTUBE JOSEFSTADT

Piaristengasse 27, 1080 Wien, Tel.: 01/406 46 28
April bis Oktober
täglich 16–24 Uhr

Im Innenhof des von außen unscheinbaren Heurigen vergisst man, dass man mitten in der Stadt ist, wenn man auf den Heurigenbänken umgeben von Efeu und Bäumen die Speisen vom Buffet genießt.

ESTERHÁZYKELLER

Haarhof 1, 1010 Wien
Tel.: 01/533 34 82, Mitte September bis Juni täglich 16–23 Uhr
www.esterhazykeller.at

Das Kellergewölbe aus handgefertigten Ziegeln und die urige Einrichtung verleihen dem geschichtsträchtigen Lokal eine gemütliche Atmosphäre, was es neben der zentralen Lage besonders beliebt macht.

ZWÖLF-APOSTELKELLER

Sonnenfelsgasse 3, 1010 Wien
Tel.: 01/512 67 77
täglich 11–24 Uhr
www.zwoelf-apostelkeller.at

Bis zu 18 Meter tief reichen die Kellergeschoße, die Geschichte und Wiener Tradition gleichermaßen bewahren. Die Ursprünge lassen sich bis 1339 zurückverfolgen, wobei der Brunnenkeller – die einzige noch komplett erhaltene gotische Brunnenstube Wiens – besonders hervorzuheben ist.

ZUM GSCHUPFTN FERDL

Windmühlgasse 20, 1060 Wien
Tel.: 01/966 30 66, Mo.–Sa. ab 18 Uhr
www.zumgschupftenferdl.com

Ein Heuriger der etwas anderen Art. Mit dem Aushängeschild „Erster Bio-Heuriger" wurde beim Gschupftn Ferdl ein urbanes Heurigenkonzept 2.0 ins Leben gerufen, welches vor allem ein junges Publikum für die Wiener Heurigentradition zu begeistern weiß.

PLUS: *Weinbars, Gastronomie, Handel*

MEINLS WEINBAR

Naglergasse 1, 1010 Wien
Tel.: 01/532 33 34-6100
www.meinlamgraben.at

Das atemberaubende Sortiment der Weinbar des Feinschmecker-Tempels hält auch immer einige ausgewählte Wiener Tropfen parat. Dazu: stimmiges Ambiente und entsprechende Kulinarik.

WEINBAR IM MERKUR HOHER MARKT

Hoher Markt 12, 1010 Wien
Tel.: 01/532 08 25
Mo.–Fr. bis 22, Sa. bis 18 Uhr
www.merkurhohermarkt.at

In der neuen Weinbar des City-Gourmetmarkts gibt es zu erlesenen kleinen Barspeisen das gesamte Weinsortiment flaschenweise und eine feine Auswahl glasweise zu verkosten, darunter immer auch Wiener Weine.

WIENO – DIE WEINBAR FÜR DEN WIENER WEIN

Im Sommer am Rathausplatz und an vielen anderen Orten der Stadt stellt WIENO Wiener Weine und Winzer vor und bietet sie, gemeinsam mit Wiener Spezialitäten, zur Verkostung an. Infos und Termine: www.wieno.events

WEINLOUNGE HOTEL RATHAUS WEIN & DESIGN

Lange Gasse 13, 1080 Wien
Tel.: 01/400 11 22, täglich 16–24 Uhr
www.hotel-rathaus-wien.at

Die Weinbar – Teil des vinophilen Gesamtkonzepts der Familie Fleischhaker – stellt eine kompetente Auswahl an Wiener Weinen zur Auswahl, die verkostet und mit nach Hause genommen werden können. Ausflüge zu Wiener Winzern und Heurigen werden ebenfalls organisiert.

ZUM SCHWARZEN KAMEEL

Bognergasse 5, 1010 Wien
Tel.: 01/533 81 25, täglich 8–24 Uhr, www.kameel.at

In dieser Ur-Wiener Institution werden zahlreiche Wiener Weine glasweise ausgeschenkt und traditionellerweise zu Beinschinkenbrötchen mit Kren o. Ä. genossen.

PFARRWIRT

Pfarrplatz 5, 1190 Wien
Tel.: 01/370 73 73, täglich 12–24 Uhr
www.pfarrwirt.com

Im stimmigen Ambiente eines der ältesten Gasthäuser Wiens kann man die ausgezeichneten Weine der Weingüter Rotes Haus und Mayer am Pfarrplatz im entsprechenden Rahmen und zu passenden Speisenbegleitung genießen.

AMADOR'S WIRTSHAUS & GREISSLEREI

Grinzinger Straße 86, 1190 Wien, Tel.: 0660/907 05 00
www.amadors-wirtshaus.com

Zu Juan Amadors Küche wird hier nicht nur eine große Auswahl an Wiener Weinen, sondern auch eine beeindruckende Jahrgangstiefe – besonders der Weine von Fritz Wieninger – geboten.

Mischen is possible: Wiener Gemischter Satz

Er machte in den vergangenen zehn Jahren eine Vorzeigekarriere – vom widerspenstigen Relikt zum Marketing-Musterschüler. Ein paar Ecken und Kanten hat er auf diesem Weg freilich eingebüßt.

Weinbau-Bürokraten lieben den Chardonnay, den Sauvignon blanc, den Riesling und den Grünen Veltliner. Rebsorten mit klar umrissenem Sortencharakter, mit eindeutiger DNA-Definition, mit nachvollziehbarer Herkunft der Stöcke aus anerkannten Rebschulen und einfach zu katalogisierender Rebfläche. Weinbau-Bürokraten mögen das. Weine, die nicht wirklich von einer speziellen Rebsorte stammen, sondern von irgendwelchen verschiedenen, die noch dazu nicht klar festgelegt sind, mögen Weinbau-Bürokraten hingegen gar nicht. Weine, deren Weingärten außerdem alt sind, deren Erfassung im Kataster im besten Falle als vage zu bezeichnen ist, und die zu guter Letzt bei jedem Produzenten ein bisschen anders schmecken können – Weine, die somit unberechenbar, tendenziell chaotisch und auf jeden Fall archaisch sind, machen Weinbau-Bürokraten Angst. Der Gemischte Satz ist genau so ein Wein.

In sämtlichen österreichischen Weingesetzen der moderneren Geschichte lief er immer ein bisschen mit, eine kaum kontrollierbare weinbaugesetzliche Grauzone, die toleriert bis ignoriert wurde, weil sie prozentuell nicht ins Gewicht fiel. Der Gemischte Satz war schließlich ein önologisches Schmuddelkind, hatte den Ruf der obskuren Resteverwertung, niemand füllte Gemischten Satz in Flaschen, geschweige denn exportierte ihn. Der Gemischte Satz war kein Wein, auf den man stolz war. Bis vor zehn Jahren. Da wurde der Wiener Gemischte Satz nämlich wieder ungefähr zu dem, was er früher schon war.

Früher, das heißt bis zur ersten Hälfte des 20. Jahrhunderts, war der Gemischte Satz eigentlich der Normalfall. Reinsortige Weingärten waren bis auf ein paar Traminer in Südtirol oder Klöch, ein paar Rieslinge am Rhein, an der Mosel oder in der Wachau und ein paar Furmints im pannonischen Raum in Mitteleuropa noch unüblich. Bis dahin zählte weniger die Rebsorte als vielmehr die Region, der Ort, die Tradition. Und so war das auch in Wien. Rund um Klosterneuburg, also auch in den Wiener Weingärten, hatte die Rebsorte „Österreichisch Weiß" ihre hauptsächliche Verbreitung, eine uralte Kreuzung von Heunisch mit einem unbekannten Partner, die in erster Linie für ihre „reschen" Weine bekannt war – Säuerlinge, die dringend aromatische Unterstützung brauchten. Also setzte man auf fetten Böden ein bisschen Weißburgunder, Neuburger und Ruländer dazu, bei kalkreichem Grund wurden Stöcke mit Grünem Veltliner und Riesling dazugesetzt, Welschriesling und Silvaner sowieso immer und Traminer oder Muskateller auch, damit es nach was schmeckte. So galt der Grinzinger stets als besonders „feurig", der Nussberger als „erdig", der kühle Sieveringer immer als „blumig". Und das hatte bei Weitem nicht nur degustatorische Vorteile – den Weingarten „gemischt zu setzen" brachte auch eine Reduzierung der wetterbedingten Risiken mit sich, denn unterschiedliche Rebsorten blühen zu unterschiedlichen Zeitpunkten, ein Totalausfall konnte auf diese Weise einigermaßen vermieden werden.

Allerdings spielten diese Faktoren mit den blütefesteren Klonen nach dem Zweiten Weltkrieg keine Rolle mehr. Und nachdem Weingärten auch nicht mehr in Stockkulturen angelegt und von Menschen mühevoll bearbeitet wurden, sondern nun Traktoren entlang von Rebzeilen mit Drahtrahmen fuhren, erwies sich eine Mischung von Rebsorten mit verschiedenen Blüte- und Reifezeitpunkten als hinderlich und

ILLUSTRATION: TIM MÖLLER-KAYA

Grüner Veltliner 25%
Weißburgunder 20%
Zierfandler 10%
Neuburger 20%
Riesling 10%
Rotgipfler 10%
Gewürztraminer 5%

nicht mehr zeitgemäß. Der Gemischte Satz verschwand. Er hielt sich nur dort, wo die Heurigen- und Buschenschank-Tradition eine Rolle spielte, in Wien und in der Steiermark, wo noch „Hauswein", „Mischsatz" oder „Heuriger" statt Grünem Veltliner, Weißburgunder oder Riesling bestellt wurde.

Das war über Jahrzehnte hinweg die Rolle des Gemischten Satzes. Sein Verschwinden war in den 70er und 80er Jahren mehr oder weniger besiegelt, nur zwei Visionäre hielten in Wien an der Tradition des Gemischten Satzes als Wein mit Wiener Identität fest: Das Wiener Sekthandelshaus Kattus – bis 1923 die größte Weindomäne Österreichs mit Weingärten unter anderem am Nussberg und am Bisamberg – füllte bis 1992 den so genannten „Nussberger Höhenweg" ab, einen Gemischten Satz aus einem 80-jährigen Nussberger Stockkultur-Weingarten der Sorten Riesling, Weißburgunder, Zierfandler und Gutedel. Nicht nur war die Flasche – eine braune, klassische Rheinwein-Flasche mit atemberaubend schönem Jugenstil-Etikett – eindrucksvoll, auch der Wein war es. Die wenigen noch existierenden Flaschen begeistern heute noch auf Verkostungen nationales und internationales Publikum. Zum heutigen Zeitpunkt wäre dieser Weingarten natürlich eine absolute Sensation, leider wurde er 1992 gerodet, mit Riesling und Weißburgunder neu bestockt und ergab in passenden Jahren den Sekt „Kattus Hochriegl Cuvée Nussberg". 2009 wurden die Gärten dann an das Weingut Cobenzl übergeben.

Franz Mayer, Doyen des Wiener Weins und über Jahrzehnte hinweg Fahnenträger sowie Kämpfer für eine Wiener Weinkultur auch abseits des Heurigen-Business, sorgte für die zweite Ausnahme und zwar etwas konsequenter als die Sektmacher: Sein „Alter Satz" wurde Jahr für Jahr abgefüllt, regelmäßig Zierfandler und andere Wiener Traditionssorten untergesetzt. Noch heute kann man auf einige Flaschen aus den 70ern und 80ern zurückgreifen, welche die ungeheure Lagerfähigkeit und die prickelnde Mineralität dieser Weine belegen.

Seine so unwahrscheinliche Renaissance erfuhr der Wiener Gemischte Satz dann vor etwa 15 Jahren, als Fritz Wieninger – Top-Winzer aus Stammersdorf und bis dahin vor allem mit Chardonnays und Rotweinen zu Berühmtheit gelangt – einen großen, alten Weingarten mit Gemischtem Satz in der Ried Ulm am Wiener Nussberg pachten konnte. Die Geschichte des Weingartens war ihm kaum bekannt, die Tradition des Gemischten Satzes damals eher gleichgültig, weshalb er in seinem ersten Jahr 1999 also zuerst die Grünen-Veltliner-Stöcke las, dann die Weißburgunder, dann die Rieslinge. Und dann den Rest, der sich zum großen Erstaunen des Star-Winzers als die absolut beste Charge erwies. Um den damals noch negativ konnotierten Begriff „Gemischter Satz" zu vermeiden, kreierte Wieninger die Marke „Nussberg Alte Reben", füllte den wuchtigen Wein in Burgunder-Flaschen und schuf damit eine neue Generation des Gemischten Satzes.

Auch Richard Zahel, seines Zeichens bester Winzer in Mauer, erkannte die Chance auf einen uniquen Wiener Wein bald, setzte „neue" Gemischter-Satz-Weingärten mit Sauvignon blanc und Chardonnay und reizte das önologische Spektrum des Gemischten Satzes von fruchtigem Leichtwein über Sekt bis zum restsüßen Reserve-Wein aus.

Und nicht zuletzt erwiesen sich auch die zahlreichen Quereinsteiger, die in den ersten Jahren nach dem Millennium frischen Wind in die Wiener Weinszene brachten, als enorme Triebkraft: Ehemalige oder hauptberufliche Architekten, Musiker, Werber und Gastronomen fanden durchaus Gefallen an den archaischen Weingärten mit bis zu zwanzig verschiedenen, teilweise vergessenen Rebsorten, an Weinen, die keineswegs dem Mainstream entsprachen, dafür aber den Anforderungen einer kleinen Nische von Terroir-Freunden. Wolfgang Wagner, Peter Uhler, Jutta Ambrositsch, Stefan Hajszan und noch ein paar andere schufen da Gemischte Sätze mit einer so ernsthaften Authentizität, dass auch internationale Wein-Journalisten und Sommeliers auf diesen neu erwachten Ur-Wein aufmerksam wurden.

Seinen wichtigsten Schritt in Richtung Marketing-Erfolg machte der Wiener Gemischte Satz allerdings 2007, da stellte ihn die im Jahr zuvor gegründete Gruppe „Wien Wein" (Wieninger, Zahel, Edlmoser, Christ) in den Mittelpunkt ihrer Agenden. 2009 ließ sich die Republik Österreich im Zuge der EU-Verordnung 607/2009 sogar die Bezeichnung „Gemischter Satz" europaweit für heimische Mischsätze sichern. Wiener Gemischter Satz war auf einmal wieder Thema, und auf einmal wollte ihn jeder trinken.

Das Problem: Echte, alte Gemischter-Satz-Weingärten gab es nur sehr wenige, und ihre altersbedingt geringen Erträge deckten den Bedarf bei Weitem nicht ab. Wohlmeinende Schätzungen vermuteten etwa 50 Hektar Gemischten Satz in Wien, vielleicht etwas mehr, vielleicht etwas weniger. Viele der Weingärten waren in den vergangenen Jahren und Jahrzehnten der Einfachheit halber als reinsortig im Namen der hauptsächlich vertretenen Rebsorte gemeldet und katalogisiert worden.

Jeder Gemischter-Satz-Weingarten ist anders, jeder Gemischte Satz individuell.

Was also tun? Einerseits wurden neue Weingärten gemischt ausgesetzt, Rainer Christ war einer der Ersten, der dieses Retro-Experiment wagte. Andererseits wurden alte, reinsortige Weingärten, die schon erhebliche Lücken aufwiesen, mit anderen Rebsorten untergesetzt – Jutta Ambrositsch verfuhr so mit einer alten Grüner-Veltliner-Anlage im Mukental, der Neuburger, Riesling, Traminer und Silvaner dazubekam.

Wirklich wesentlich aber war wohl die Änderung des Weinbaugesetzes im Jahr 2013, die dem Wiener Gemischten Satz nicht nur ein DAC-Siegel verpasste, sondern auch dafür sorgte, dass Gemischter Satz nicht mehr wie bisher aus gemischten Weingärten kommen musste, sondern auch aus nebeneinander liegenden, reinsortigen Weingärten innerhalb einer Riede stammen darf – solange diese Weingärten im Wiener Rebflächenregister als „Gemischter Satz" definiert und auch ausschließlich als Teilmenge eines solchen verwendet werden. Dies und die festgelegte Zusammensetzung des Wiener Gemischten Satzes DAC – mindestens drei Rebsorten, die anteilig größte davon mit nicht mehr als 50 %, die anteilig kleinste mit nicht weniger als 10 % in der fertigen Mischung – sorgte nicht nur für Zustimmung unter den Winzern. Schließlich gibt es einige uralte Gemischter-Satz-Weingärten, die diesen Parametern nicht entsprechen und deren Wein sich daher nicht mehr Wiener Gemischter Satz nennen darf. Dass diese Regelung zu einer Vielzahl neuer Gemischter Sätze führte, die zuvor einfach Grüne Veltliner, Rieslinge, Weißburgunder, Welschrieslinge oder was auch immer waren, kann man allerdings nicht bestreiten. Und dass diese plötzliche Verfügbarkeit – der Wiener Gemischte Satz wächst drei Jahre nach dem Inkrafttreten der DAC-Regelung immerhin schon auf 160 Hektar – der Verbreitung des ehemals ungeliebten und mittlerweile Megaseller-Weins in Österreich, Europa und der Welt half, muss man auch bestätigen.

Dennoch wird es – wieder einmal – darauf ankommen, die ursprüngliche Idee des Gemischten Satzes, also die in einem Weingarten gemischt ausgesetzten Rebsorten, die gemeinsam gelesen und gepresst werden, am Leben zu erhalten. Und sowohl alte, „originale" Weingärten als auch die neu entstandenen, jungen gemischt ausgesetzten Anlagen nicht nur zu pflegen, sondern die Weine daraus auch speziell zu kennzeichnen, zu benennen und letztlich auch zu vermarkten. Mit DAC-Siegel oder ohne, aber die Unterscheidung, ob es sich um einen Wiener Gemischten Satz „The New Generation" oder um die wirkliche Mischung handelt, ist gerade für Freunde authentischer Weine ja nicht ganz unwesentlich. —

FOTO: CHRISTOF WAGNER

Register